Kyrilla Spiecker · KAPITELLE

Kyrilla Spiecker

KAPITELLE

Künder des Glaubens

Mit einem kunsthistorischen Beitrag von Karl Kolb

echter

CIP-Kurztitelaufnahme der Deutschen Bibliothek

Spiecker, Kyrilla:
Kapitelle : Künder d. Glaubens / Kyrilla Spiecker.
Mit e. kunsthistor. Beitr. von Karl Kolb. –
Würzburg : Echter, 1984.
  ISBN 3-429-00895-6

Mitglied der Verlagsgruppe »engagement«

© 1984 Echter Verlag Würzburg
Gesamtherstellung: Echter Würzburg
Fränkische Gesellschaftsdruckerei und Verlag GmbH
ISBN 3-429-00895-6

Inhalt

Wenn Steine Dich preisen

Zur Einführung

Wir leben in einer säkularisierten Welt. Gott kommt in unserem Alltag kaum vor. Viele fühlen sich nicht mehr kirchlich gebunden. Sie meinen sogar, ohne Gott besser auskommen zu können. Einige stehen ihm feindlich gegenüber.

Unsere Vorfahren waren noch gläubig. Sie waren noch »Hörer des Wortes«. Einander zuhören und Lesen gehörte zu ihrem Leben. Uns hat der technische Fortschritt zu »Augenmenschen« gemacht. Wir haben weithin die Freude am Bücherlesen, am guten Gespräch und am Zuhören verloren. Mitteilungen verschiedenster Art empfangen wir über den Bildschirm oder andere Medien.

Auch sind wir Touristen geworden und durchstreifen als Globetrotter die Welt. Kulturen und Sehenswürdigkeiten fremder Länder locken uns an. Wir gehen auf »Foto-Safari« und kennen die Museen rund um die Welt. Für uns persönlich entdecken wir die längst bekannte Erde noch einmal. Wir möchten »trinken, was die Wimper hält«.

Bei unseren Entdeckungsfahrten besuchen wir nicht nur Kunstdenkmäler außerchristlicher Kulturen. Wir stoßen gleichfalls auf Kathedralen und Kirchlein christlicher Vergangenheit. Ihre Aussagekraft zieht uns an. Ungebrochener Glaube, der dort seine gemäße Form gefunden hat, fasziniert uns.

Da stehen sie nun, die Augenmenschen unserer Zeit, und bestaunen die Fresken und Kapitelle der Vorfahren. Unbelesene und des Lesens Unkundige haben in den Wand- und Steinbildern das verkündete Gotteswort wiedererkannt. In dieser »biblia pauperum« konnten sie die gehörte Glaubensbotschaft nachmeditieren.

Uns Heutige hat die Kunst angelockt. Gelehrig hören wir zu, diskutieren fachmännisch, merken uns Daten und Namen. Den »Sammlern«

7

genügt dieser Zuwachs an Wissen, an Dias und »Souvenirs«. Befriedigt haken sie eine Nummer ihres Programms ab und eilen zum nächsten Fundort.

Die »Beschauer« jedoch nehmen sich Zeit. Im Bilderbuch der Kapitelle begegnen ihre Augen neu Gottes Wort. Sie wollen sich ansprechen lassen. Denn irgendwann beginnen die Steine zu reden. Sie reden von Gott. Sie reden von Gottes Tun an den Menschen. Sie reden von Schuld und Vergebung. Sie reden von allem, was Menschen im innersten Herzen bewegt. Sie reden von Gottes übergroßem Erbarmen mit uns.

Sie sind aktuell – diese Steine – wie die Not, die uns umtreibt. Sie wollen ein Gespräch mit uns aufnehmen. Denn diese Steine bergen eine Botschaft, die aus dem Teufelskreis menschlichen Versagens und Unheils hinausführt. Sie verkünden Jesus, den Christus, den Retter der Welt. Sie verkünden den Weltenheiland, der sich als Gott und als Mensch ins Spiel gebracht hat. Sie verkünden den Vollender und Herrscher des Kosmos, den Herrn des Himmels und der Erde, der alles neu machen wird, wenn sein Tag kommt.

Der gläubige Steinmetz hat Gottes Botschaft meditiert und in den Kapitellen verkündet. Daten, Namen und kunsthistorisches Wissen reichen für unser Verstehenkönnen nicht aus. Doch die Heiligen Schriften können uns die Steinbilder deuten. Dann wird uns Gottes Wort vom Geschauten fortlocken in das Mysterium des Verkündeten. Dort sprudelte auch für den Steinmetz die Quelle. Dort schöpfte er die Bilder, die in den Kapitellen Gestalt wurden.

Als sich die Pharisäer über die Jünger beklagten, weil sie in lauten Jubel ausbrachen wegen der Wunder, die sie erlebt hatten, entgegnete ihnen Jesus: »Wenn sie schweigen, werden die Steine schreien« (Lk 19,40). Die Steine haben zu schreien begonnen. Sie schreien noch immer und verkünden die Großtaten Gottes.

Die Meditationen möchten ins Wort bringen, was der Künstler in Stein meditiert hat. Sie möchten die Kapitelle aus dem Zeugnis der Schrift zugänglich machen und gleichzeitig zurückführen in Gottes Wort, das uns in Jesus, dem Christus, Licht, Leben und Weg ist.

8

Ihnen gingen die Augen auf

Nach dem Sündenfall

Sehend werden, wissend werden, wie Gott werden: Das war und bleibt für den Menschen verlockend. Ohne Gott Gott sein: absolut frei, absolut unabhängig, die Welt verändern, weiterentwickeln, beherrschen... Der Mensch erlag der Versuchung.

Das Geschöpf wähnt in seinem Schöpfer einen Rivalen, der seine Macht durch Verbote absichern muß. Im Essen der verbotenen Frucht will sich der Mensch von diesem Rivalen befreien. Doch damit zerstört er seine Gottesbeziehung. Er kappt das »Lichtkabel«, das ihn die Welt in Gottes Licht schauen ließ; das ihn selbst in Licht hüllte wie in ein Kleid. Den Frieden im Austausch mit Gott hat er eingetauscht gegen die Befriedigung seiner Wünsche. Sein Vertrauen in Gott ist zerstört. Er traut nur noch sich selbst.

Jetzt ist der Mensch sehend und wissend geworden, wie es ihm die Schlange eingeflüstert hat. Aber wie anders, als er erwartet hatte! Sein Wahrnehmen ist nicht mehr gelenkt von Gottes Liebe und Gottes Licht. Begehren und Eigennutz bestimmen fortan seine Welt-Schau. Als der Mensch wähnte, Gottes Bereich zu erobern, hatte er Gott nur den Rücken gekehrt. Nun läuft er in seinen eigenen Schatten hinein. Als er Gott aus seinem Herzen entließ, als er Gott »auszog«, mußte er seine existentielle Nacktheit erfahren: sein Angewiesensein, seine kreatürlichen Grenzen. Die Schöpfung begegnet ihm feindlich. Angst hat die vertrauende Liebe verdrängt: Angst vor sich, vor den anderen, vor Gott. Um überleben zu können, muß er sich schützen, verhüllen, verstecken.

Aber noch ist er in Hör- und Rufweite Gottes. Gott geht dem Flüchtenden nach und ruft ihn beim Namen. Vielleicht besinnt er sich noch und kehrt in die Liebe des Anfangs zurück. Im Gespräch mit der

9

Schlange war der Mensch abtrünnig geworden. Im Gespräch mit Gott darf er heimkehren.

Die Schuld liegt offen zutage. Doch sie wird weitergereicht: Adam beschuldigt die Frau, Eva beschuldigt die Schlange. Keiner bekennt sich zur Schuld. Keiner erbittet Vergebung. Die Heimkehr findet nicht statt.

Paradies ist Einklang mit Gott. Der Mensch zerstört diesen Einklang. Er zerstört seine Gottesbeziehung. Er verläßt seine Heimat in Gott. Er zerstört sein Paradies. Bedeutet die gerissene Saite das Ende?

Wir schauen in die erschrockenen Augen von zwei Enttäuschten, denen »die Augen aufgingen«. Nackte Angst vor einer unbekannten, bedrohlichen Welt ist die erste Erfahrung ihrer selbstgewählten Freiheit. Sie möchten sich am liebsten unsichtbar machen. Sie möchten ganz und gar hinter der Blätterstaude verschwinden. Sie winden sich wie der Stamm und werden dennoch kein Baum. Die sich um einen anderen Baum windende Schlange ist ihr Lehrer geworden. Vorerst hat sie ihr Ziel erreicht. Denn fortan wird Lüge Lüge hervorbringen und Schuld neue Schuld.

Gott hat sich zwischen die Schlange und die Betörten gestellt. Die Kreuzmandorla weist ihn schon hier als Erlöser der Welt aus. Er steht den Schuldigen zugewandt, ohne sie anzuschauen. Mag auch die erhobene Linke Urteil verkünden; die aufblickenden Augen schauen im vorläufigen Ende schon heraufkommenden Anfang. Auch wenn der Herr im Augenblick die unselige Entscheidung nicht aufheben kann, wird seine Gegenwart zu einem Zeichen der Hoffnung.

Christus wird den Einklang mit Gott wiederherstellen. Er wird uns den Weg zum Lebensbaum bahnen. Denn am Kreuz wird er selber die Frucht am neuen Lebensbaum sein. Von dieser Frucht sollen wir essen. Er reicht sie uns als Brot des Lebens, damit wir erneut in Gottes Licht und Gottes Liebe wohnen können. Christus beendet unsere Vertreibung. Er öffnet uns die Tore ins Paradies: in sein Herz. Dies Herz ist eine »offene Tür«, das keinen Menschen zurückweist. Er erwartet uns voller Erbarmen, bis er uns am Ende ohne Ende alle heimgeliebt hat. Bis unser aller Heimweh gestillt ist: mitten im Paradies.

»DER SÜNDENFALL« (CLUNY)

Im 12. Jahrhundert unterstanden dem Abt von Cluny 1500 Abteien und Priorate.
Diese mächtige Abtei wurde während der Französischen Revolution weitgehend zerstört. Ihre Reste sind aber so imposant, daß sie noch einen Abglanz der einstigen Größe vermitteln.

Unter den erhaltenen Kapitellen ragen zwei besonders heraus: »das Opfer Abrahams« und das hier abgebildete des »Sündenfalls«. Sie gehören wahrscheinlich zu den beiden kräftigen Säulen, die den Eingang des Altarraums betonten. Die vorzügliche Arbeit ließ die Kunsthistoriker zu dem Schluß kommen, sie seien erst in der zweiten Hälfte des 12. Jahrhunderts entstanden. Das vorstehende Kapitell befindet sich heute im Museum von Cluny, im »Farinier«, dem ehemaligen Mehlspeicher dieses einst einflußreichsten Klosters der westlichen Welt.

Unser Kapitell stellt den Augenblick dar, von dem Genesis 3, 8 erzählt. Adam und Eva haben sich unter den Bäumen des Gartens versteckt, als Gott sie ruft. Hinter ihm windet sich am Baum der Erkenntnis die Schlange. Dem Künstler von Cluny gelang es, den Sündenfall in seiner Bedeutung auf dem kleinen Raum eines einzigen Kapitells einzufangen.

(Foto: Zodiaque)

Ich erweise Gnade, wem ich will

Jakobs Flucht und Umkehr

Als Gott Abrahams, Isaaks und Jakobs geht Jahwe – der Ich-bin-da – durch die Bundesgeschichte Israels. Jakob hatte ihn erfahren als den, der Erbarmen schenkt, wem er will. Das Kapitell berichtet von Jakobs Flucht und seiner Heimkehr nach zwanzig Jahren. Es berichtet von Schuld und Verheißung, von Kampf und Sieg, von Umkehr und neuem Namen.

Der flüchtige Jakob schläft unruhig. Seine Füße fliehen noch vor dem um den Segen betrogenen Bruder. Während seine Rechte sinnend die Wange umfängt, stützt sich die Linke im Wüstensand ab.

Doch im Traum empfängt Jakob neue Verheißung. Der Betrüger darf nicht nur seine Beute behalten, Gott selbst wird den Flüchtling in die Fremde begleiten und auch wieder heimführen. Trotz seiner Hinterlist bleibt Jakob einer, an dem Gott Gnade erweisen will. Jahwe bestätigt ihn als Träger seiner Verheißung. Fortan wird die Traum-Leiter, auf der Gottes Boten auf- und niedersteigen, Sinnbild für Jahwes Verheißung an Israel sein. Schon in der Fluchtnacht »beschirmt er dich mit seinen Flügeln, findest du unter seinen Schwingen Zuflucht« (Ps 91,4). Werden nicht selbst die Ringenden zum schützenden Dach über dem Schläfer?

Der erwachte Jakob gießt – noch umfangen vom nächtlichen Traumgesicht – Öl auf den aufgerichteten Schlafstein und weiht ihn zur Stele. Er gelobt, dort Jahwe ein Haus zu bauen, ihm den Zehnten zu entrichten und nach glücklicher Heimkehr allein ihm zu dienen.

Über dem unruhigen Schläfer ruht der Heimkehrer Jakob an der Brust eines geflügelten Mannes. Nicht Zweikampf, sondern heiliger Austausch findet hier statt. Das Ringen der Nacht ist vorüber. Auch Jakobs Angst ist vorüber.

13

Als er ausgezogen war, hatte Jakob nur um sich selber gebangt; später dann auch um die Zukunft der Seinen. Denn jetzt trug er die ganze Verantwortung für seine Kinder, Frauen, Knechte und Herden. Wollte ihm der Mann ohne Namen, der ihn in der Nacht stellte, die Heimkehr verwehren? Holte ihn am Grenzfluß zur Heimat seine alte Schuld ein? Sollte jetzt dem Betrüger das Urteil gesprochen werden?

Im Traumgesicht wurde Jakob nicht nach seinem Namen gefragt. Jetzt soll er ihn sagen – er antwortet: »Jakob«, das heißt »Betrüger«. Mit dem Namen hat er auch seine Schuld ausgeliefert. Damit ist das Ringen beendet. Der Bekennende siegt, weil er sich von Gott besiegen läßt.

Die Schuld ist von ihm genommen. Der Jakobsname ist von ihm genommen. »Israel« heißt er nun. Mit dem neuen Namen wird er zum »Gottesstreiter«. Der Unbekannte lähmt seine Hüfte und segnet ihn neu. Sein Hinken wird ihn erinnern, daß er Gott gehört und ein Gezeichneter ist. Am Grenzfluß vollzog er die Umkehr. Nun darf er als Entsühnter getrost seinem Bruder entgegengehen.

In der Fluchtnacht geschah Jakob Gottesbegegnung im Traum. In der Heimkehrnacht steht er Gottes Boten Brust an Brust gegenüber. »Gottesgesicht« wird er jenen Ort nennen. Denn erschrocken bis ins Mark ruft er am Morgen aus: »Ich habe Gott von Angesicht zu Angesicht gesehen und bin mit dem Leben davongekommen« (Gen 32,31).

Der schuldige Jakob schläft erschöpft und unruhig im Wüstensand. Der Entsühnte ruht entspannt wie ein Kind an der Brust des Namenlosen. Am liebsten möchte er in der Umarmung des Segnenden bleiben. Dort ist er sich des Gesegnetseins sicher.

Dachte der Steinmetz bei dem geflügelten Mann bereits an »den Engel des großen Ratschlusses, der seinen Tag schaut«? Dachte er an Christus, den Abgesandten des Vaters, der nicht nur Jakob, nicht nur dem Bundesvolk Israel, sondern allen Menschen die Schuld fortnehmen und in seinem Blut alle Menschen zu seinem Eigentum erwerben wird? Der allen Menschen einen neuen Namen geben und sie zu Gesegneten machen wird?

Jahwe, der Mose gesagt hat, daß er Gnade erweist, wem er will, und Erbarmen schenkt, wem er will, hat allen Menschen sein Erbarmen geschenkt und keinem seine Gnade verweigert (Ex 33,19). Gepriesen sei Israels Gott!

»Jakobs Traum und sein Kampf mit dem Engel« (Gerona)

Die Kathedrale von Gerona in Katalonien (Nordostspanien) hat eine jahrhundertelange Geschichte, von der Romanik bis zum Barock. »La Ciudad de los sitios« – »die Stadt der erfolglosen Belagerungen« wird Gerona genannt. So ereignisreich, wie die Geschichte der Stadt im Lauf der Jahrhunderte war, so viele Epochen lassen sich an der Kathedrale ablesen.

Der Chor mit Umgang und Kapellenkranz wurde 1312 begonnen. Das große Schiff stammt aus dem 15. Jahrhundert, der Hochaltar ist eine Silberschmiedearbeit aus dem 14. Jahrhundert, Fassade und Freitreppe entstanden im Barock. Den zweistöckigen Kreuzgang überragt der »Turm Karls des Großen« als Rest einer romanischen Kirche des 11. Jahrhunderts. Um einige seiner Pfeiler laufen schöne Friese. Es sind Szenenfolgen von großer Feinheit. Sie erzählen die Schöpfungsgeschichte und andere Themen aus dem Buch Genesis.

Ein Streifen zeigt unter anderem Jakobs Traum und seinen Kampf mit dem Engel. Diese Plastik bildet die Ecke eines Gangs. Der Fries bringt die ganze Jakobsgeschichte von der Himmelsleiter, dem schlafenden Jakob und schließlich dem Kampf mit dem Engel. Wir sehen in der Mitte den schlafenden Jakob, den Stein als Kopfkissen, links die Leiter, auf der die Engel auf- und absteigen. Über dem Schlafenden ist die Begegnung mit dem Engel dargestellt. Ein drittes Mal erscheint Jakob rechts daneben: Er schüttet Öl auf den Stein, der durch diese Salbung zum Gedenkstein wird. Auf kleinstem Raum ist eine ganze Szenenfolge aus dem Buch Genesis untergebracht, wie Gen 28, 18 f erzählt.

(Foto: Yan – Zodiaque)

Gott wacht über sein Wort

Bileam und die Eselin

Gott wacht über sein Wort. Deshalb hat Jahwe seinem Propheten eine Lektion erteilt. Denn auch »Sprecher Gottes« bleiben versuchbare Menschen. Israel hatte viele Lügenpropheten, die aus Habgier und Angst nur Angenehmes verkündeten. Sie verrieten, um ihres eigenen Vorteils willen, Gottes unbequeme Wahrheit.

Bislang war Bileam unbestechlich geblieben. Doch jetzt möchte der mächtige König von Moab Bileams Prophetengabe für seine eigenen Zwecke mißbrauchen. Bileam soll Israel fluchen, um es dadurch zu schwächen und besiegbar zu machen. Bileam widersteht dem Ansinnen. Doch weiß ihn der bedrängte König durch Bestechungsgeschenke gefügig zu machen.

Um Israels willen, um Bileams willen, um seiner selbst willen greift Jahwe ein. Er nimmt Bileam den Prophetengeist und gibt ihn der Eselin. Gott gibt, und Gott nimmt. Gott kann aus Steinen Kinder Abrahams machen, und er kann eine Eselin zum Mund seines Willens bestimmen. Nicht menschliche Einsicht, sondern Gottes Geist macht den Erwählten zum Künder. Nicht fremder Befehl, sondern Gottes Geist heißt den Propheten segnen und fluchen. Denn ein Prophet steht im Dienst Jahwes und nicht im Dienst eines Königs.

Bileam ist den königlichen Boten gefolgt. Zwischen zwei Weinbergmauern bockt sein Reittier, drückt Bileam an die Wand und klemmt seinen Fuß ein. Bileam weiß nicht, daß Gottes Geist von ihm gewichen ist; daß die Eselin sieht, was ihm zu sehen verwehrt ist. Er schlägt auf das Tier ein, das einem Engel ausweicht. Das Tier bockt, Bileams Fuß schmerzt, und sein Zorn siedet. Da beklagt sich die Eselin wegen der Stockschläge. Bileam streitet mit ihr und begreift immer noch nicht. Erst als sich die Eselin auf ihre treuen Dienste beruft, gehen Bileam die

Augen auf. Jetzt sieht auch er den Engel, vor dem das Tier ausweichen wollte. Jetzt schilt der Engel Bileam wegen der Stockschläge.

Endlich erkennt Bileam, daß Gottes Geist von ihm gewichen ist. Nun begreift er, weshalb die Eselin sprechen konnte und sah, was seine Augen nicht sehen konnten. Bileam ist zerknirscht. Er ist zur Umkehr bereit und erbittet vom Engel Verzeihung.

Nun hat Gott Bileam wieder dort, wo er nichts anderes sein will als ein Prophet Jahwes; wo er nichts anderes sagen wird als das, was Gott ihm zu sagen aufträgt. Beim König wird er sich sogleich als Prophet Jahwes vorstellen: »Ich weiß nicht, ob ich deinen Wunsch erfüllen kann. Ich kann nur sagen, was Gott mir zu sagen befiehlt« (Num 22,38).

Der Steinmetz hat die Krisis des Geschehens gestaltet: Bileams Erschrecken und Umkehr. Die Eselin weicht nicht vom Fleck. Sie schaut ernst und gehorcht Gottes Wort. Bileam sitzt vornübergeneigt und blickt entsetzt. Jetzt sieht auch er den Engel, der ihm den Weg verstellt hat. In der Rechten hält er den Schlagstock, in der Linken die Zügel. Blitzartig wird ihm der Zusammenhang klar: Als die Eselin bockte und zu reden begann, war Gottes Geist von ihm gewichen und auf das Tier übergegangen. Sein Prophetenmantel nützte ihm gar nichts. Er war im Begriff gewesen, sein Prophetenamt zu verraten und untreu zu werden. In seinem maßlosen Zorn wollte er die Eselin töten, hätte er nur ein Schwert gehabt. Der Engel jedoch wollte Bileam töten, und die Eselin hat ihm das Leben gerettet.

In großem Erschrecken erkennt Bileam seine lebensbedrohliche Lage. Jahwe selbst hat ihm im Engpaß den Engel gesandt, um ihm den Weg zu blockieren. Er hat Jahwes frei verfügende Macht zu spüren bekommen. Er hat erfahren, wer er ohne Prophetengeist ist. Er hat das Lehrstück gelernt. Neu beugt er sich unter die Dienstordnung eines Propheten. Nicht eigene, noch fremde, nur Jahwes Botschaft darf er verkünden. Vielleicht wird er den Zorn des Königs hervorrufen. Vielleicht muß er den Spruch des Herrn mit seinem Leben bezahlen. Bileam kennt das Risiko. Doch jetzt ist er wieder bereit, nichts als Mund Jahwes zu sein: »Hier bin ich, sende mich!« (Jes 6,8).

18

»Bileam und die Eselin« (Saulieu)

Von der Stiftskirche Saint-Andoche in Saulieu, die 1119 eingeweiht wurde, hat nur das Schiff den Hundertjährigen Krieg überstanden, der für Burgund so verheerende Folgen hatte. Ablässe, die 1364 von Papst Urban V. und 1384 von Gegenpapst Clemens VII. in Avignon gewährt wurden, dienten der Wiederherstellung der Stiftskirche. So blieb uns eine »auf das Wesentliche beschränkte cluniazensische Architektur« erhalten (Oursel). Durch die grandiose Nüchternheit des Gebäudes tritt die herrliche Schönheit der Kapitelle um so deutlicher zutage.

Auf einem Kapitell des nördlichen Seitenschiffs erscheint Bileam mit seiner Eselin. Man muß sich kurz an die Erzählung von dieser in der bildenden Kunst der Zeit immer wiederkehrenden Gestalt erinnern: Bileam ist der heidnische Prophet aus Mesopotamien, dem König Balak von Moab befohlen hat, das Volk Israel, das aus Ägypten kam, zu verfluchen. Zweimal weigert er sich auf Geheiß Gottes, dann will er auf seiner Eselin doch zu Balak reiten (Num 22, 5 ff). Aber das Tier widersetzt sich, »denn es sah den Engel des Herrn mit dem Schwert«. Schließlich erhält Bileam die Weisung, die Israeliten nicht zu verfluchen, sondern zu segnen, denn »ein Stern geht auf aus Jakob« (Num 24, 17). Wegen dieser auf Christus bezogenen Weissagung wird Bileam zu den Propheten gerechnet. Er trägt auch oft die phrygische Mütze der Magier – als Vorfahr der Drei Könige. So deutet er auf manchen Darstellungen auf den Stern, der nach Betlehem führt. Aber bereits im Neuen Testament wird Bileam auch als warnendes Beispiel genannt für einen, der vom rechten Weg abweicht (2 Petr 2, 15).

Dieses Motiv ist ein altes, beliebtes Thema als Ausdruck der Erlösungserwartung im Alten Testament. Wir finden es schon in den römischen Katakomben, so um 230 in der Priscilla-Katakombe und um 330 in der Via-Latina-Katakombe. Bileam steht aber auch als Prophet noch im 12. Jahrhundert zusammen mit Jakob, David und Melchisedek am Tragaltar des Eilbertus (1130, Wien, Welfenplatz). Später ist er fester Bestandteil im Repertoire der »biblia pauperum«.

Auf der anderen Seite dieses Kapitells, unmittelbar vor dem Kopf des Esels, ist der Engel dargestellt, der Bileam aufhält.

(Foto: Zodiaque)

Mein Leben in Deiner Hand

Daniel in der Löwengrube

Die Gläubigen waren mit Daniels Geschichte vertraut. Er gehörte zu den nach Babylon Deportierten. Der Tempel war zerstört, doch Daniel lebte auch in der Verbannung aus dem betenden Umgang mit seinem Gott. Begabt, jung und vornehm, war er schon bald an den Hof des Königs gekommen. Er wurde ein einflußreicher, mit viel Verantwortung, Würden und Ämtern beladener Mann. Gott ist sein Vertrauter, bei dem er sich Kraft holt, der ihn berät und in seinen Willen einweist. Daniels kometenhafter Aufstieg bringt ihm schnell Feinde. Mit einem Gesetz, das jeden mit dem Tode bestraft, der einem fremden Gott dient, wollen sie den Rivalen aus der Welt schaffen. Daniel zu überführen war leicht; denn er betete täglich, Jerusalem zugewandt, mit erhobenen Händen zu seinem Gott. Der König ahnte nicht, daß er seinen Vertrauten »zu den wilden Tieren« verurteilt hatte, als er das Gesetz unterschrieb.

Gewöhnlich zermalmten die Bestien in wenigen Augenblicken ihr Opfer. Hier ist das anders. Die Schrift sagt: »Daniel sitzt zwischen den Löwen.« Er sitzt wie einer, der viel Zeit mitgebracht hat. Wie über einer Gletscherspalte hat er sich niedergelassen: breitbeinig, einen Fuß hüben, den anderen drüben. Ihn bringt nichts aus dem Gleichgewicht. Denn er betet, wie er alle Tage gebetet hat, mit erhobenen Händen. Er sitzt zwischen sechs ausgehungerten Raubtieren. Er schaut sie nicht einmal an. Er schaut niemanden an. Mit offenen Augen ist er ganz dem unsichtbaren Gott zugewandt.

Auch die Tiere schauen Daniel nicht an. Sie haben von Gott den Auftrag, den »Liebling Gottes« zu bewachen. Daniel ist ihr Herr, nicht ihr Opfer. Wie Wachhunde umlagern sie ihn, um jeden anzugreifen, der ihm zu nahe kommt. Die beiden oberen Tiere schauen in eine andere

21

Richtung. Sie lechzen nach Beute, nach Daniels Feinden. Denn die »reißenden, brüllenden Löwen«, die gegen Daniel ihren Rachen aufsperren, um ihn zu verschlingen, sind jenseits der Grube geblieben.

Daniel befindet sich nicht in der Hand seiner Gegner und nicht in der Gewalt der Löwen. Daniel weiß sich in Gottes Hand. Ihm hebt er sein Leben entgegen: »Behüte mich ... vor den Frevlern, die mich hart bedrängen, vor den Feinden, die mich wütend umringen ... Sie haben mich eingekreist, sie trachten danach, mich zu Boden zu werfen« (Ps 17,9.11). »Sie haben meinen Schritten ein Netz gelegt und meine Seele gebeugt. Sie haben mir eine Grube gegraben; doch fielen sie selbst hinein« (Ps 57,7).

Seine Feinde haben Daniel dem sicheren Tod ausgeliefert. Er aber hat sich seinem Gott ausgeliefert. Tot oder lebend bleibt er in Gottes Hand. So bleibt er, inmitten aller Bedrängnis, im Frieden. Daniels Geheimnis ist seine Gottesbeziehung. Er ist eingeübt in den Umgang mit Gott. Weil er immer betet, kann er auch zwischen Raubtieren beten. Wo der Mensch mit Gott und der Schöpfung in Einklang lebt, sind auch die Tiere mit dem Menschen in Einklang. Der Paradiesesbericht und die Endzeitvisionen der Propheten reden davon. Deshalb sind die raubgierigen Löwen nur Daniels gottlosen Feinden feindlich gesonnen.

Daniels Geschichte ist nicht nur Israel teuer. Sie war es auch den verfolgten jungen Christengemeinden, deren Zeugen in der Arena den wilden Tieren vorgeworfen wurden. Bis in unsere Tage reicht Daniels Leuchtspur und weist uns den Weg. Denn seine Versuchungen sind auch die unseren. Lieber opfert er Stellung und Leben, Fürstengunst und Besitz, als daß er seinen Glauben verleugnet. Weil Gott ihm das Wichtigste ist, ist ihm auch das Gespräch mit Gott wichtig. Dort empfängt er Einsicht und Kraft. Vor Gott fällt er seine Entscheidungen. Wenn es um Gott geht, ist ihm kein Einsatz zu hoch.

Daniels Eindeutigkeit kann uns helfen: Wer sich an Gott hält, den hält Gott – auch wenn er seine Getreuen erprobt und ihre Liebe in Feueröfen von Schlacken befreit. Die Löwengrube war nicht Daniels erste Erprobung. Sie wird auch nicht seine letzte sein. Betend lebt Daniel im Windschatten Gottes. Was können da seine Feinde gegen Gottes Rat ausrichten? »Ich preise den Herrn, der mich beraten hat ... Er steht mir zur Rechten, ich wanke nicht« (Ps 16,7 f).

»Daniel in der Löwengrube« (Lescure)

In Lescure, im Haut-Languedoc, in unmittelbarer Nachbarschaft von Albi, steht inmitten des Friedhofs am rechten Ufer des Tarn die Kirche Saint-Michel. Sie war die Prioratskirche der Benediktinerabtei Gaillac. Das Priorat erlebte seine Blütezeit im 11. und 12. Jahrhundert, wurde aber 1535 säkularisiert und die Kirche wurde zur Friedhofskapelle.

Den einzigen, aber großartigen Schmuck dieses Gotteshauses bilden die Kapitelle der Fenster und des Portals. Im Chor liegen auf den Doppelsäulen jeweils Doppelkapitelle. Sie alle gehören zu den Historienkapitellen, wobei man nicht immer enträtseln kann, was sie bedeuten. Auf einem von ihnen glaubt man Jakob und Esau zu erkennen.

Auf einer weiteren Zwillingssäule am Zugang zum Chor stellt ein Doppelkapitell Daniel in der Löwengrube recht originell dar (Dan 6, 17–25). In der Mitte – zwischen den beiden Kapitellen – sitzt Daniel mit erhobenen Armen, in sein Schicksal ergeben. Rechts und links von ihm liegen je zwei Löwen friedlich übereinander. Ihre Körper bilden die Seiten des Kapitells. Die anderen Flächen des Doppelkapitells zeigen zwei weitere Löwen (?). Hinter Daniels Kopf erkennt man eine Art Nimbus, darüber erscheint eine Inschrift: DANIEL (?).

(Foto: Zodiaque)

Die Erst-Erlöste

Ankündigung des Herrn

Ein Nest am Rande der Welt wird zum Nabel der Welt. Ein unbekanntes Mädchen aus dem unbekannten Nazaret wird zur Frau, die von allen Geschlechtern seliggepriesen wird.

Auf dem Kapitell stimmt der Steinmetz ins »Magnificat« ein, das Maria bei ihrer Verwandten Elisabet angestimmt hatte. Auch er rühmt die Größe des Herrn, der an seiner kleinen Magd so Großes getan hat. Durch Gabriel, Gottes Boten, möchte er sie uns vorstellen: nicht nur als Jungfrau von Nazaret, als Ersterlöste, auch als Mutter des Erlösers und Erstvollendete. Seine Verkündigung geht über die Ankündigung des Herrn an Maria hinaus. Sie umschließt Beginn und Krönung ihres begnadeten Lebens, verschlüsselt in Zeichen. Mehr noch: Maria soll zum Modell unserer eigenen Begnadung, Erlösung und einstigen Vollendung bei Gott werden.

Damit wir dieser Spur, die zu Gott führt, folgen können, holt der Steinmetz das Nacheinander eines Lebens ins zeitlose Jetzt. Gabriels Botschaft an Maria ist schon ergangen. Während seine Rechte auf die reine Magd weist, schaut der Bote uns an. Flügel und Botenstab bestätigen ihn als Gottes Gesandten.

Maria ist festlich gekleidet. Ihr volles Haar ist fast gänzlich von einem Schleier verhüllt. Ein Kronreif kündet von ihrer Vollendung. Ihr Kopf ist halb uns, halb Gabriel zugewandt. Sie sagt nichts. Sie sinnt Gottes Geheimnis nach. Während ihre offene Rechte vom Preisen, Empfangen und Einwilligen redet, scheint die linke Hand fast scheu alle Ehrung Gott zurückgeben zu wollen. Weil Maria über Jahrhunderte hin ausharren und von Gottes Erbarmen Zeugnis ablegen soll, suchen die kleinen, nebeneinanderstehenden Füße nach Stand.

Nicht das Gemach, das Marias erstes Ja hörte, sondern eine turm-

25

bewehrte Mauer mit einem überdachten Torbogen wird zur Kulisse. Immer neu hat Glaube nach Worten und Bildern gesucht, um Marias Erwählung Ausdruck zu geben. Der Hintergrund nimmt Schriftworte und Texte der Liturgie auf. In Maria wird das Urbild der Kirche geschaut, das neue Jerusalem als Braut, die sich für ihren Mann geschmückt hat. Sie ist das Haus des Herrn, die Pforte des Himmels, die Arche des Bundes, Heiligtum Gottes. In dieser »Tochter Zion« sollte sich Israel wiedererkennen. Doch die Mutter des Messias ist für alle Erlösten Mutter und Vorläuferin, Vorbild geworden.

Zu Füßen des Boten wird die Jessewurzel erkennbar. Sie kündet von den Ahnen. Maria wird die erlesenste Blüte, den verheißenen Sproß, den Ersehnten Israels hervorbringen.

Lukas beginnt den Stammbaum Jesu mit Josef, dem Davidssproß. Er führt ihn bis Adam zurück, »der stammte von Gott« (Lk 3,38). So kulminiert in Jesus, dem Christus, die ganze Menschheitsgeschichte. In Jesus beginnt sie neu. Er trägt alle Guttaten und alle Verderbnis der Geschlechterfolge im Blut. Mit seinem »vergossenen Blut« wird er die verderbte Welt wieder erneuern. Die Welt wurde umgepolt, als Gabriel Maria Gottes Menschwerden ansagte. Seither zählen wir die Jahre »vor« und »nach Christi Geburt«.

Bei der Ankündigung ahnte Maria noch nicht, daß sie dem Gottessohn Leben für einen gewaltsamen Tod schenken wird. Denn wir werden den Menschensohn ausstoßen. Weil er vor aller Zeit zum Retter bestimmt war, um sterbend den Tod zu entmachten, nimmt er das Los eines Sterblichen auf sich. Er nimmt die Schuld der ganzen Welt auf sich, damit wir, entsühnt, neu anfangen können. Er wird auferweckt, damit auch wir an seinem Herrlichkeitsleben teilhaben können.

Wenn Gabriel uns Maria vorstellt, weil sie Gott wohlgefällt, so wird sie zu einer leibhaftigen Botschaft. Als Mutter des Erlösers bleibt sie einzigartig. Doch zeigt sie uns nicht, wie auch wir Nachgeborenen Christus aufnehmen sollen? Will Christus nicht auch durch seinen Geist in uns Mensch werden, mit unseren Händen und Füßen, mit unserem Antlitz? Lehrt sie uns nicht, wie wir Gottes Wort im Glauben annehmen, wie wir Christus nachfolgen sollen, wie der Weg in seine Herrlichkeit immer über das Kreuz geht? Maria, Jungfrau und Gottesgebärerin, bitte für uns!

»Die Verkündigung« (Toulouse)

Toulouse, die Hauptstadt des südfranzösischen Departements Haute-Garonne, bietet nach dem fast vollständigen Verschwinden von Cluny mit Saint-Sernin einen der vollendetsten romanischen Bauten Frankreichs. Für das Schiff wurde 1100 der Grundstein gelegt. Die Kirche war Ziel einer beliebten Wallfahrt. Bereits das Itinerar nach Santiago de Compostela empfiehlt, dort den »hochheiligen Körper« des Sernin, des Bischofs und Märtyrers, zu verehren.

Das Portal »Miégeville« (mieja villa = ein Portal, das in die Mitte der Stadt führt) wird auch »Portal der Unschuldigen Kinder« genannt, weil ein Kapitell deren Schicksal darstellt. Die Kapitelle dürften schon um 1100 entstanden sein und setzen den Stil von Bernard Gilduin fort, einer der wenigen Bildhauer des ausgehenden 11. Jahrhunderts, dessen Name bekannt ist. Seine eigenwilligen Arbeiten unterscheiden sich deutlich von allen anderen in der Kirche. Man nimmt an, daß er eine Werkstatt leitete.

Gilduin und seine Mitarbeiter haben schon an der Marmoraltarplatte gearbeitet, die heute in der Vierung steht. Sie waren zweifellos auch an den Kapitellen beteiligt, die eigenartigerweise auf allen vier Seiten skulptiert sind. Dennoch ist man überzeugt davon, daß sie von vornherein für diesen Platz am Portal vorgesehen waren. Sie sind rundum als Relief gearbeitet, lediglich Voluten deuten die Ecken an.

Eines der Kapitelle (auf der linken Seite des Portals) enthält eine reich ausgeschmückte Verkündigungsszene. Diese Darstellung bietet eine völlig abweichende Form des Themas. Der Engel bringt nämlich nicht Maria die Botschaft, sondern uns, den Besuchern. Maria selbst ist in der üblichen Geste dargestellt: Einerseits zeigt sie sich überrascht und abwehrend durch die Haltung der rechten Hand, andererseits erscheint sie demütig bereit aufgrund der Geste ihrer linken Hand.

(Foto: Zodiaque)

Von Glauben zu Glauben

Die drei Magier

Die drei Magier, die Gottesmutter, das Kind auf ihrem Schoß: Alle Gesichter auf dem Kapitell schauen nach oben und ziehen uns mit. Was meint diese Wegweisung? Hatte der Stern die Magier nicht sicher geleitet? Beleuchtet er nicht schon, blumenhaft strahlend, wie eine Türlaterne den Eingang zum Haus? Dennoch schauen alle Gestalten nach oben. Sie holen uns vom Sichtbaren fort in die unsichtbare Welt Gottes, in die Mysterienwirklichkeit unseres Glaubens.

Die drei Magier sind unsere Lehrer: Es reicht nicht, mit den Augen des Leibes zu schauen. Es reicht nicht, mit Sachverstand einen Stern zu entdecken. Es reicht nicht, sich mit reichen Gaben auf den Weg zu machen, um dem erwarteten Gott-König als erste zu huldigen. Das alles ist gut – aber es reicht nicht.

Die Männer stehen an der Schwelle des Hauses und suchen nach Orientierung. »Sie gingen in das Haus und sahen das Kind und seine Mutter«, berichtet Mattäus (2, 11). Haben sie enttäuscht das Haus wieder verlassen, weil sie nichts sahen als eine Mutter mit ihrem Kind? Konnte das der Angekündigte sein? Haben sie gesehen – und doch nicht gesehen? Haben sie gefunden und doch nicht erkannt? Er paßte nicht in das Bild ihres Gott-Königs. Sie mußten das Bild loslassen. Sie mußten sich loslassen. Sie mußten wagen zu glauben.

Das Kapitell nimmt uns in diesen Glaubensprozeß mit. Die Männer erwarten nichts mehr von ihrem Spürsinn, von ihrem Wissen, von ihrer fertigen Vorstellung. Jetzt erwarten sie Orientierung von oben, von Gott. Da werden ihnen die Augen des Glaubens geöffnet. Jetzt vermögen sie im Unscheinbaren das Mysterium des Christus zu schauen. Als sie ankamen, lag eine Hülle auf ihren Augen. Eingelassen ins Geheimnis des Glaubens ist sie von ihnen genommen (vgl. 2 Kor 3, 16).

Wir sind Zeugen dieser Enthüllung: Der schwere Vorhang ist beiseite gezogen und wie ein Schirm zusammengerollt und zusammengehalten. Mit entschleierten Augen schauen sie jetzt »im Kind und seiner Mutter« die thronende Gottesgebärerin, die ihren königlichen Sproß behutsam zur Anbetung vorstellt. Gleich werden sie niederfallen und in ihren Gaben sich selber darbringen. Nichts ist anders als bei ihrer Ankunft. Dennoch ist alles grundanders, weil der Glaube ihnen das Geheimnis der Menschwerdung Gottes enthüllt hat.

Doch warum schauen auch das Kind und seine Mutter nach oben? Weshalb wenden sie sich nicht den Angekommenen zu? Waren die Magier nicht am Ziel ihres Aufbruchs? Oder war dieser Augenblick unbeschreiblichen Glücks erst ein Anfang? Wiesen ihnen die nach oben gerichteten Augen die nächste Wegstrecke zu – fort von Mutter und Kind, hin zum Vater? Ja, sie werden unterwegs bleiben. Sie wurden »Pilger des Ewigen«. Sie werden Aufschauende bleiben, weil das Licht, das die Augen des Herzens erleuchtet, von Gott kommt. Sie werden ausschreiten von Glauben zu Glauben, bis der Geglaubte sie ins endgültige Schauen von Angesicht zu Angesicht heimholen wird.

Die drei Weisen sind unsere Lehrer. Erst als sie ihre enttäuschten Erwartungen hinter sich ließen und sich ganz Gott auslieferten, konnten sie die unsichtbare Herrlichkeit des Gott-Kindes schauen. Der Glaube kann das Sternzeichen hinter sich lassen. Die Magier wurden von innen erleuchtet. Sie selber sind Licht geworden, um vom »Licht, das in diese Welt kam«, Zeugnis zu geben. Jetzt ist der Gefundene das Licht, dem sie folgen. Als Morgenstern ist er in ihren Herzen aufgegangen und hat ihre Dunkelheit besiegt. Ihr Leben gründet fortan nicht mehr in Leistung und Wissen, sondern in Gott. Fortan bestimmt Gott ihren Weg. Schon auf der Heimreise folgen sie Gottes Weisung.

Gefolgsleute Gottes sind sowohl Geführte als auch Verfolgte. Dennoch sind sie von großer Freude erfüllt, denn »sie haben seine Herrlichkeit gesehen, die Herrlichkeit des einzigen Sohnes vom Vater« (Joh 1, 14).

»Die Anbetung der Drei Könige« (Lescar)

In den Ausläufern der Pyrenäen liegt nahe bei Pau die Kathedrale von Lescar, ebenfalls eine Station auf dem Pilgerweg nach Santiago.

Die nach 1062 eingeweihte Kathedrale war bis 1790 der Sitz des Bischofs. Die Stiftsherren nahmen unter Bischof Sanche für ihr Zusammenleben die Augustinerregel an, die ihnen vom Papst 1115 bestätigt wurde. Die Kathedrale war zugleich Begräbnisstätte der Könige von Navarra.

Neben den Bodenmosaiken, die in verschiedenen Bändern Tiere und Jagdszenen bieten, besitzt diese romanische Kirche eine Reihe bemerkenswerter Kapitelle. Sie entstanden unter Bischof Guido Lons, der 1151 gestorben ist. Die schönsten Kapitelle des Gotteshauses findet man in den Apsiden des Chors. Das Blattwerk – die Palmetten und Akanthusmotive – erinnert an die Kirche Saint-Sernin in Toulouse.

Die erzählenden Kapitelle behandeln Themen des Alten Testaments, während die des linken Querschiffs das Leben Jesu schildern. Eines von ihnen zeigt rundum die Anbetung der Drei Könige. Oben leiten die Schnecken in den Ecken zum viereckigen Abakus über. Über der Säule wird der Halsring zu einem Schriftband, das die Darstellung unterstreicht.

Von links kommen eng aneinander gedrängt die drei Magier mit ihren Gaben. In der Ecke sieht man den Stern, wie eine Blume gestaltet. Die Mitte beherrscht die thronende Gottesmutter, die ihr Kind demonstrativ zur Verehrung darbietet, in starr frontaler Haltung. Hinter dem Nimbus Mariens entfaltet sich ein Vorhang breit bis zu den Ecken; dadurch wird der Sitz Marias zum Herrscherthron. Auf der rechten Seite läuft die Erzählung weiter. Dort finden wir den Engel, die Hirten und Schafe.

(Foto: Zodiaque)

Du bist bei mir

Flucht nach Ägypten

Steh auf, nimm das Kind und seine Mutter und flieh nach Ägypten;
... denn Herodes wird das Kind suchen, um es zu töten. Da stand Josef
in der Nacht auf und floh mit dem Kind und dessen Mutter nach
Ägypten« (Mt 2, 13–14). Das Kapitell berichtet von dieser Flucht. Die
Kunst hat nie aufgehört, sie zu gestalten. Schon immer fanden Menschen Trost bei dem Kind, das selbst erfahren mußte, was Flucht, Hei-
matlosigkeit und Exil ist.
Josef, der die ganze Last der Verantwortung trägt, weiß, was es heißt,
bei Nacht und Nebel vor einem Mächtigen fliehen zu müssen. Ange-
spannt schaut er nach vorn und hält das Reittier, das Schritt halten
muß, am Halfter. Es hebt den Kopf, spitzt die Ohren und zerreißt mit
einem Schrei die unheimliche Nacht. Das Auge ist ängstlich geweitet,
denn überall lauert Gefahr. Maria dagegen sitzt bewegungslos, angstlos
und ruhig auf dem Rücken des Tieres. Verwandeln nicht die ausladen-
den Eckvoluten die Sattellehne in einen Thronsitz? Wäre nicht Josef,
der das Fluchtziel im Auge hat, die Vorbeigetragene könnte einer Kult-
prozession angehören, bei der Heiligtümer mitgeführt werden.
Maria hält den kleinen, merkwürdig steifen Körper mit beiden Händen. Das Kind streckt seinen rechten Arm über die Brust der Mutter.
Vielleicht umfängt sein linker Arm ihren Rücken. Sein Gesicht ist der
Mutter zugewandt, die selbst niemanden anschaut. Der Stern, den
Bileam schaute (Num 24, 17), weist das Kind als den Verheißenen aus.
Woher nimmt die Gottesmutter ihre erhabene Ruhe? Sie weiß doch,
was zwischen Aufbruch und Ankunft alles passieren kann. Sie weiß
doch, was ein Mächtiger einsetzt, wenn er Macht und Thron bedroht
wähnt. Sie weiß auch, daß die Nacht nicht nur ihnen, sondern auch
den Verfolgern Schutz bietet. Maria weiß alles. Sie verdrängt nichts.

Sie kennt ihre Ohnmacht. Doch sie traut der Macht dessen, der sie in diese Nacht aufbrechen ließ. Ihr Vertrauen durchstößt die Mauern der Angst. Was Gott von ihr fordert, geht über ihr Begreifen hinaus.

Aber sie glaubt. Glauben ist mehr als begreifen. Glaubend betritt sie Gottes Bereich. Dort ist sie geborgen in Gott. Seit Gott sie in Dienst nahm, seit Gott sie einweihte in das Geheimnis seiner erbarmenden Liebe, überläßt sie sich diesem Geheimnis. Sie traut Gottes Wort. Das schenkt ihr den Frieden des Herzens. Maria hat sich in den Kern des Sturms vorgewagt – und dort ist es still.

Nach dem Gesetz der Schwerkraft wäre das Kind längst den Händen der Mutter entglitten und in die Tiefe gestürzt. Aber es stürzt nicht. Denn die Mutter kann das Kind gar nicht halten. Das Kind hält nicht nur die Mutter, sondern die ganze Welt. »Du umschließt mich von allen Seiten und legst deine Hand auf mich«, betet der Psalmist (139,5). Noch flieht das Kind mit der Mutter. Noch darf sie meinen, ihr Kind sicher zu halten. Denn seine Stunde ist noch nicht gekommen. Der Heimgekehrte wird sich den Mutterhänden entziehen. Der Rabbi Jesus wird vor seinen Verfolgern nicht fliehen. Er wird sich foltern und hinrichten lassen. Er wird den Auftrag des Vaters – unsere Erlösung – erfüllen.

Die Flucht wird zum Lehrstück: Wenn wir tun, was Gott will, dann bleiben wir auf allen Fluchtwegen bei Gott und er bei uns. Doch ohne Gott bleiben wir selbst am Fluchtziel ungeborgen und heimatlos. Zu Gott fliehen befreit von der Angst. Doch jede Flucht fort aus Gottes Gesicht mehrt unsere Angst. Die erste Flucht, die Menschen heimatlos machte, geschah, als unsere Ureltern aus ihrer Gott-Heimat flohen. Seither jagen Getriebene und Vertriebene, Fliehende und Verfolgte über unsere Erde und mehren Angst und Schrecken in unserer Welt. Damit unsere Flucht aufhören kann, nimmt der menschgewordene Gott das Los eines Verfolgten, eines Flüchtlings auf sich. Er gewährt uns nicht nur Asyl, er schenkt uns Heimat und Bürgerrecht. In Gottes offenen Armen soll unsere Flucht enden. Er birgt uns an seinem Herzen wie eine Mutter ihr verängstigtes Kind. Er vertreibt alle Furcht. »In Frieden leg' ich mich nieder und schlafe ein; denn du, Herr, läßt mich sorglos ruhen« (Ps 4,9). »Ich fürchte kein Unheil, denn du bist bei mir« (Ps 23,4).

34

»Die Flucht nach Ägypten« (Rucqueville)

In der Normandie in unmittelbarer Nachbarschaft von Caen liegt Rucqueville. Die Kirche Saint-Pierre der ehemals mächtigen Abtei erhielt ihre einfache Form im 11. Jahrhundert. Die schönsten Kapitelle tragen die Pfeiler der Vierung.
Einer dieser Pfeiler zeigt ein Kapitell mit der Flucht nach Ägypten. Dieses beliebte Thema gehört hier zu einem Zyklus, der das Leben Jesu darstellt. Maria sitzt auf dem Esel wie sonst als Thronende, und die Darstellung ist auch sicher so gedacht. Zwischen den beiden Eckvoluten zieht sich hinter Maria eine Art Thronsessel hoch. Die Geste von Mutter und Kind – sie hält es mit beiden Händen, das Kind aber hat seinen Arm quer über die Mutter gelegt – als Zeichen der Mutter-Kind-Beziehung bleibt bis ins Barock erhalten.
(Foto: Zodiaque)

Gekommen in Wasser und Blut

Taufe Jesu

Taufe heißt untertauchen, heißt sterben – heißt wieder auftauchen zu neuem Leben. Taufe ist Anfang. Anfänge sind voller Fragen, voller Erwartung, voller Geheimnis. Bei der Taufe Jesu ist das nicht anders. Das Kapitell bezieht uns ein ins Fragen, ins Erwarten, in das Geheimnis der Stunde. Akteure der Handlung sind drei von Gott in Dienst Genommene: der Täufling Jesus, der Täufer Johannes und ein dienender Engel. Nur zögernd entläßt der Stein die Gestalten. Die archaische Weise der Darstellung kündet von Anfängen. Alles scheint noch im Werden, »in statu nascendi«: die übergroßen Köpfe wie die ungelenken Bewegungen der Gliedmaßen.

Johannes hatte am Jordan das Kommen des Messias verkündet und die Taufe der Umkehr gespendet. Auch Jesus bittet Johannes um diese Taufe. Der Täufer erschrickt. Wie kann der Vorläufer den Verheißenen taufen? Wie kann der Schulderlöser wie ein Schuldiger die Taufe der Umkehr erbitten? Doch der Unschuldige taucht in die Wasser des Jordan, weil er uns alle Schuld abnehmen will. Im Jordan belädt er sich zeichenhaft mit der Schuld aller Menschen.

Johannes wehrt sich: »Müßte ich nicht von dir getauft werden, und du kommst zu mir?« (Mt 3,14). Jesus verweist Johannes auf den Auftrag des Vaters – und der Täufer beugt sich diesem Geheimnis.

Soll der Lebensbaum hinter dem Täufer die angebrochene Heilszeit verkünden? Wie ein »tumber Tor« vollzieht der bärtige, in ein Fell gekleidete Johannes seinen Tauf-Auftrag. Wie still ist der zornige Bußprediger vor seinem Täufling geworden!

Bis zur Brust, nackt, ohne Zeichen göttlicher Identität, steht Jesus im Wasser: nichts als ein Mensch, der sich taufen läßt. Er sagt nichts, und er tut nichts. Er läßt nur geschehen. Während die Rechte des Täufers

37

ihn hält, hängt sein rechter Unterarm schlaff herab. Während des Täufers Linke auf seinem Kopf ruht, liegt Jesu Linke bescheiden über der Brust.

Johannes gehorcht, Jesus gehorcht, der geflügelte Engel gehorcht. Ihre Augen finden im Sichtbaren keinen Halt. Sie schauen nach dem unsichtbaren Gott aus, der zu ihnen spricht. Denn die auf den Täufling weisende »Rechte des Vaters« und der Geist Gottes in Taubengestalt über Jesus verkünden, daß hier Gottes Wille am Werk ist; daß hier Einweisung in den Auftrag des Vaters geschieht; daß hier unsere Erlösung beginnt.

Jesus wird ausgewiesen als Gottes geliebter Sohn, als »Kind seines Wohlgefallens«. Er ist ganz Mensch und ganz Gott – der ganz Unschuldige, der in alle Menschenschuld untertaucht. Die Weihe zur Sendung enthält schon die Weihe zum Sterben. Wer liebt, nur liebt, bis zu Ende liebt, bis zur Vollendung liebt, hat keine andere Wahl. Schon hier und jetzt, in den Wassern des Jordan, ist die Entscheidung gefallen.

Die Zeit des Vorläufers geht zu Ende. Die Zeit des Verheißenen nimmt ihren Anfang. Anfänge sind verhalten. Dennoch enthalten sie bereits alles, was sich einmal entfalten wird. Die Taufe enthält schon den »Ausgang« und die Vollendung. Sie enthält schon unsere Erlösung am Kreuz. In der Bestätigung des Sohnes durch den Vater verheißt sie schon die Auferstehung an Ostern.

Es ist der Anfang. Die Taufe zur Umkehr läßt das Kommende ahnen und nimmt es voraus. Die Spur ist gelegt. Die Weichen sind gestellt. Es gibt kein Zurück. Von der Taufe im Jordan führt der Weg in die Wüste, damit der uns in allem Gleichgewordene vom Teufel versucht werde. Von der Taufe im Wasser führt der Weg zur Taufe im Blut, zur Lebenshingabe am Kreuz. »Jesus Christus ist nicht nur im Wasser gekommen, sondern im Wasser und Blut. Und der Geist ist es, der Zeugnis ablegt; denn der Geist ist die Wahrheit« (1 Joh 5,6).

»DIE TAUFE JESU IM JORDAN« (MANE)

Die Prioratskirche Notre-Dame de Salagon auf dem linken Ufer der Laye am Rande von Mane südlich von Sisteron (Hochprovence) stammt wahrscheinlich aus dem letzten Viertel des 12. Jahrhunderts. Das Gebäude wurde oft umgebaut. Die meisten Kapitelle tragen stilisierten Pflanzenschmuck (Akanthus- und Palmenblätter), dazu einen Löwenkopf und Menschenköpfe.

Die Seitenschiffe entstanden zusammen mit der Kirche. Dort trägt eine Halbsäule eines der in diesem Teil der Hochprovence seltenen erzählenden Kapitelle: die Taufe Jesu im Jordan. Diese originelle Arbeit, deren Figuren ohne Rücksicht auf Proportionen und Verhältnisse nebeneinander stehen, stammt wahrscheinlich vom Ende des 12. Jahrhunderts und ist von einer örtlichen Werkstatt geschaffen. Drei Personen und die Hand Gottes brachte der Bildhauer auf dem niedrigen Kapitell unter. Christus steht im Wasser des Jordan, direkt über ihm erscheint der Heilige Geist als Taube. Aus der oberen rechten Ecke des Kapitells ragt die Hand Gottes hervor und zeigt auf das Haupt Christi. Links steht Johannes mit langem Bart und in einem etwas eigenartigen schuppigen Kamelfell, das in der Mitte zusammengehalten wird. Rechts von Christus findet man eine in jener Zeit bei dieser Szene übliche Figur: einen Engel, der mit einem Handtuch bereitsteht. Das ist eines der spielerischen Motive, die aus dem Alltag stammen, wie etwa auch das Baden des Jesuskindes bei Krippendarstellungen. Hinter Johannes erscheint ein großblättriges Akanthusgeranke und rechts hinter dem Engel eine Rose (nicht mehr im Bild).
(Foto: Zodiaque)

Angefochten wie wir

Versuchung Jesu

Die Urversuchung des Menschen fand im Paradies statt. Damit wird der Mensch als von Anfang an angefochten hingestellt. Deshalb ist auch Jesus, der unser Menschenschicksal auf sich genommen hat, versuchbar. Deshalb steht am Beginn seines öffentlichen Auftretens die Entscheidungssituation der Versuchung.

Selbst auf dem Kapitell scheint das lärmende Böse die Welt zu beherrschen. Die Mächte des Guten, die Stille verbreiten, scheinen wie an den Rand gedrängt, obwohl die rankende, früchtetragende Staude die Komposition säuberlich halbiert. Am Baum der Erkenntnis hatten sich die Geister geschieden. Soll hier im neuen Lebensbaum schon der endgültige Sieg über Tod und Sünde in der Auferstehung des Gekreuzigten angesagt werden? Auf der Zinne des Tempels windet sich »der Lügner von Anbeginn«: als ein nacktes, geflügeltes Mischwesen mit grobem Gesicht, Flammenhaar, Raubvogelklauen, gezahntem Drachenrücken, Menschenleib und Menschenhänden.

Der Steinmetz spottet sichtlich über den »Fürsten dieser Welt«, den der Erlöser entmachtet hat: Er krümmt sich und reißt das Maul auf wie ein sich heiser schreiender Werbeagent. Während er wild mit den Armen herumfuchtelt, bietet er Macht, Reichtum, Wundergaben, die ganze Welt feil. Seine Angebote sind süß und verlockend. Sie können das Leben vergolden und die Tatsache vergessen lassen, daß es Schmerz, Tränen, Krankheit und Tod, Katastrophen, Kriege und Seuchen in der Welt gibt.

Bescheiden, gesammelt und still, fast zerbrechlich, sitzt der Herr, eher ein Lehrender denn ein Versuchter, vor seinem Versucher. Er weist seinen Widersacher mit erhobenem Zeigefinger zurecht. Er weist ihn von sich, weil allein Gott Anbetung, Macht und Gehorsam gebühren. Er

41

leiht ihm kein Ohr und schaut ihn nicht an. Gleich wird der Gottesbote den Versucher verdrängen, um Jesus zu dienen.

Der Herr ist vom Geist in die Wüste geschickt worden. In Gebet und Fasten sollte er sich für seinen Auftrag bereiten. Fastend und betend war er anfällig und sensibel geworden für jede »Fata Morgana«. War diese gefährdete Situation nicht wie für den Versucher gemacht? Ahnt er, daß Jesus sein grimmigster Feind ist? Wenn er den Abgesandten verführt, hat er auch dessen Auftrag vernichtet.

In der Jordantaufe hat sich Jesus mit allen Menschen solidarisch erklärt. Jetzt wird es ernst. Jetzt muß er sich dem Herausforderer stellen. Jetzt muß er sich zu seinem Vater und dem Auftrag des Vaters bekennen. Jetzt wird seine Treue erprobt.

Das Hinhören hat die ersten Versuchten zu Hörigen der Schlange gemacht. Jesus hört allein auf die Stimme des Vaters. Er widersteht allen Angeboten, die unlauterem Stimmenfang dienen. Der Vater will seine Ohnmacht am Kreuz. Allein seine wehrlose Liebe soll die Menschen gewinnen und überzeugen. Nur hingeopfert für sie, bleibt seine Liebe glaubwürdig. Nur von ihnen getötet, wird sie sich als unsterblich erweisen. Nur auferstanden, kann er sie an alle Menschen verströmen. Jesus ist in der Versuchung nicht schuldig geworden. Er hat dem Versucher ins Angesicht widerstanden. Aber er weiß, wie sich Versuchung gebärdet. Er weiß, wie sie abläuft. Er kennt ihre Täuschungsmanöver und Tricks. »Da er selbst in Versuchung geführt wurde und gelitten hat, kann er denen helfen, die in Versuchung geführt werden« (Hebr 2, 18). Der Herr versteht uns. Er steht uns bei, wenn wir selber versucht werden. In seiner Kraft können wir Widerstand leisten. Wir sind nicht mehr wehrlos ausgeliefert an die Mächte des Bösen. Wir brauchen nicht zu verzagen. Wir haben einen Begleitschutz. Er steht hinter uns wie der Engel hinter dem Herrn. Nur müssen wir uns an ihn halten. Denn auch Erlöste bleiben versuchbar. Doch Christus wird uns vor dem Bösen bewahren. Deshalb betet der Herr beim Abschied für uns: »Ich bitte nicht, daß du sie aus der Welt nimmst, sondern daß du sie vor dem Bösen bewahrst« (Joh 17, 15). Deshalb hat uns der Herr das Vaterunser gelehrt: »... und führe uns nicht in Versuchung, sondern erlöse uns vor dem Bösen. Amen.«

42

»Die Versuchung Jesu in der Wüste« (Autun)

Im ersten Drittel des 12. Jahrhunderts baute man die Kathedrale Saint-Lazare in Autun (Burgund), um einen würdigen Verehrungsort für eine Reliquie des heiligen Lazarus zu schaffen, deren Translation wohl im Jahre 1146 erfolgte.

Am plastischen Schmuck dieses grandiosen Bauwerks arbeitete Gislebertus, einer der wenigen Künstler dieser Zeit, der uns namentlich bekannt ist. Schon wiederholt wurde versucht, Näheres über ihn in Erfahrung zu bringen. Es blieb aber bei Spekulationen. Zweifellos handelte es sich um einen hervorragenden Künstler, dessen Handschrift sich deutlich aus der Masse der Anonymen heraushebt. Als sein Meisterwerk von einmaliger Qualität gilt die Eva, die heute im Museum Rolin aufbewahrt wird. Aber auch die Kapitelle an den Pfeilern beweisen eine ungewöhnliche Qualität.

Ein solches Pfeilerkapitell in der Nähe des Chores zeigt die zweite Versuchung Jesu in der Wüste. Die Darstellung folgt wörtlich dem Text Mt 4, 5–7. Rechts steht der gestenreiche Teufel auf dem Tempel, ihm gegenüber die überlegene, ruhige Gestalt Christi, die den Versucher mit einer Bewegung der rechten Hand in seine Schranken weist. Hinter Jesus erscheint ein Engel mit erhobenem Schwert in der Rechten. Die Welt Jesu wird von der des Teufels durch ein großes stilisiertes Akanthusgeranke getrennt, an dem eigenartigerweise Pinienzapfen wachsen. Beides sind Symbole für das ewige Leben. Wenn man um dieses Kapitell herumgeht, entdeckt man, daß der Teufel beiderseits von diesem Geranke umgeben ist.

(Foto: Zodiaque)

Kreislauf des Bösen

Das Haupt des Johannes

Ein Gunsterweis aus königlichem Mund kostet Johannes »Kopf und Kragen«. Seit Kain seinen Bruder Abel erschlug, nimmt das Töten kein Ende. Seit wir uns nicht mehr an Gott orientieren, erfinden wir immer neue Gründe, um dem anderen das Licht, die Meinung, die Stellung, den Aufstieg, die Ehre, das Leben streitig zu machen. Wir lassen Menschen verschwinden. Wir befinden, wer leben darf. Wir verweigern dem Ungeborenen das Licht der Welt. Unser Egoismus verurteilt ganze Völker zum Verhungern und Aussterben.

Der Gerechte gefährdet den Kreislauf des Bösen. Deshalb muß der Gerechte seit Urzeiten sterben: »Laßt uns dem Gerechten auflauern! Er ist unbequem und steht uns im Weg. Er wirft uns Vergehen gegen das Gesetz vor und beschuldigt uns des Verrats an unserer Erziehung« (Weish 2, 12).

Johannes war ein Gerechter. Er hatte Herodes wegen der unerlaubten Ehe mit Herodias, der Frau seines Bruders, angeklagt. Deshalb hatte ihn der König in den Kerker geworfen.

Auf dem Ausschnitt des Kapitells kommen nur Salome, der Henker und das Haupt des Johannes ins Bild. Die Schüssel mit dem abgeschlagenen Haupt des Johannes wird weitergereicht, als sei sie eine Schüssel vom Festmahl des Königs. Man sieht es den sanften Gesichtern nicht an, was geschehen ist, was sie tun. Keinerlei Grauen, keinerlei Bosheit entstellt sie. Fast liebevoll umfängt Salome die grausige Schüssel. Links erscheint sie noch einmal, auf dem Wege zur Mutter.

Was läßt die Beteiligten so ungerührt bleiben? Sind sie dermaßen von ihrem Auftrag erfüllt? Fühlen sie sich selbst so gerecht und in ihrem Handeln gerechtfertigt, daß sie das Haupt ihres Opfers völlig unangefochten in Empfang nehmen können?

45

Salome ist die Tochter der Herodias. Sie hat auf der Geburtstagsfeier des Königs getanzt und das Herz des Herodes verwirrt. Ein begehrender König macht der Begehrten ein königliches Geschenk: Das Mädchen darf wünschen, was immer es will. Das Mädchen ist überfordert und befragt seine Mutter. Herodias fordert den Kopf des Johannes, den Tod ihres Anklägers. Der König erschrickt. Herodes fürchtet Unheil vom Tod des Gerechten. Doch vor den geladenen Großen darf er sein Gesicht nicht verlieren. Deshalb verliert Johannes den Kopf.

Wer übernimmt die Verantwortung für den Mord? Wer ist schuldig und gesteht seine Schuld? Herodes hat ein königliches Angebot gemacht. Salome hat ihrer Mutter den Wunsch überlassen. Der Henker hat seine Dienstpflicht erfüllt. Ist königliche Gunstbezeigung schuldhaft? Ist es die Bescheidenheit oder Phantasielosigkeit eines Kindes? Hätte Herodias ohne den Tanz ihrer Tochter und ohne die Gunst des Herodes ihren Wunsch überhaupt äußern und ausführen können? War Johannes nicht schon vordem ein Todgeweihter? War nicht der Zufall Anlaß zu seinem Tod: eine Geburtstagsfeier, ein betörender Tanz, ein Versprechen? Ist der Zufall nicht schuld?

Wo der Ankläger fehlt, kann kein Urteil gefällt werden. Den perfekten Zirkel des Bösen schließen die sich unschuldig fühlenden Mörder. Ein Wunsch wird weitergereicht. Das Haupt des Ermordeten wird weitergereicht. Die Verantwortung wird weitergereicht: Der Kreislauf des Bösen ist geschlossen und funktioniert.

Seit Adam nicht zu seiner Schuld stand, sondern sie weiterreichte, wandert sie wie eine Spielkarte von Hand zu Hand, von Generation zu Generation. Keiner fühlt sich verantwortlich. Keiner bekennt sich zur Schuld. Nur der unschuldige Menschensohn sagt: Gebt sie mir! Ich werde sie aufleiden, auflieben. Ich werde euren Schuldschein mit meinem Leben einlösen. Ich verantworte die Schuld aller Menschen. Ich erlöse euch!

Herodes fürchtet, in Jesus sei Johannes wiedergekommen. So willigt Herodes ein zweites Mal in dessen Tod ein, als er und Pilatus bei der Verurteilung Jesu Freunde werden (vgl. Lk 23,12). Die Bosheit versteckt sich hinter unauffälligen Menschen, und Gottes Erbarmen versteckt sich hinter einem Mann aus Nazaret, der Gottes Sohn ist.

46

»Das Festmahl des Herodes« (Toulouse)

Die Kathedrale Saint-Étienne in Toulouse entstand in zwei Abschnitten: um 1100 und, nachdem man die Seitenschiffe abgerissen hatte, um 1200. 1272 wurde dann der neue Chor errichtet. Zwischen ihm und der verschwundenen Kirche Saint-Jacques lag der Kreuzgang.

Einige Kapitelle aus diesem nicht mehr vorhandenen Kreuzgang bewahrt das »Musée des Augustins« in Toulouse auf, wohl Arbeiten von Gilabertus, dem großen romanischen Bildhauer von Toulouse. Dazu gehört das Festmahl des Herodes, von dem wir einen Ausschnitt sehen. Ein Ausschnitt ist es deshalb, weil jeweils zwei miteinander verbundene Kapitelle eine fortlaufende Geschichte erzählen. Das Haupt des Johannes wird auf einer Schüssel an Salome überreicht. Rechts sehen wir den Henker, in der Mitte Salome mit der »Johannesschüssel«, während die linke Gestalt den Kopf bereits weiterreicht.

Die Darstellung der »Johannesschüssel« war jahrhundertelang eine beliebte Form der Verehrung Johannes des Täufers.

(Foto: Zodiaque)

Sehend werden zum Glauben

Blindenheilung

Jesus hat Jericho verlassen und befindet sich auf der Durchgangsstraße nach Jerusalem. Neugierige, Glaubenshungrige, Wegsucher begleiten ihn. Bartimäus, ein blinder Bettler, sitzt am Straßenrand und hört die Herannahenden. Vielleicht kann dieser Rabbi Jesus ihm helfen. Er nutzt die Gelegenheit und stimmt eine Litanei an: »Jesus, Sohn Davids, hab Erbarmen mit mir!« (Mk 10,47). Glaubt er bereits – oder läßt er es auf den Versuch ankommen? Er kann nur gewinnen.

»Viele wurden ärgerlich und befahlen ihm zu schweigen« (10,48). Der Blinde schert sich nicht darum. Er schreit nur noch lauter: »Jesus, Sohn Davids, hab Erbarmen mit mir!« Jesus hat ihn gehört. Jesus will ihn erhören. Wer sein Erbarmen erbittet, der hat die Schleusen seines Erbarmens geöffnet: Ströme des Erbarmens werden sich in den Rufer ergießen. Der Auftrag des Vaters ist ja, von Gottes Erbarmen zu künden und Gottes Erbarmen zu schenken.

Jesus ist nicht verärgert. Er bleibt stehen und sagt: »Ruft ihn her!« Das Umdenken der Jünger beginnt mit den Füßen, und sie sagen dem Schreier: »Hab nur Mut, steh auf, er ruft dich!« Bartimäus zögert keine Sekunde. Er wirft seinen Bettlermantel fort und eilt zu Jesus.

Jesus kennt das Begehren des Blinden. Dennoch fragt er: »Was soll ich dir tun?« Jetzt wird der Gefragte konkret: »Rabbuni, ich möchte wieder sehen können. Da sagte Jesus zu ihm: »Geh, dein Glaube hat dir geholfen.« Im gleichen Augenblick konnte er wieder sehen, und er folgte Jesus auf seinem Weg« (10,49–52).

Der um Heilung Bittende wird zum Mittelpunkt der Komposition. Mit fliegenden Rocksäumen steht er vor seinem Heiland. Weil er nur seinen Ohren gefolgt war, muß er seine Stellung korrigieren und den Oberkörper dem Rabbi zudrehen. Blind schaut er Jesus an. Um seine

Bitte zu unterstreichen, berührt die Rechte sein Auge, während seine Linke voller Erwartung und Ehrfurcht erhoben ist.

Um Kopfeslänge überragt der Herr seinen Bittsteller. Aufmerksam beugt er sich dem Blinden entgegen. Während sein linker Zeigefinger auf das Auge weist, spricht er ihn an. Sein Wort heilt. Das Wort, das Fleisch wurde, wird durch Leiden die ganze Welt heilen.

Die geschulterte Schriftrolle erinnert schon jetzt an das geschulterte Kreuz. Diesem Jesus wird Bartimäus nun nachfolgen. Er wird seinen Bettlermantel vertauschen gegen die Pilgertasche, wie sie der Meister umhängen hat. Er wird nicht länger am Weg sitzen. Jesus ist jetzt sein Weg – und der Weg Jesu ist auch der seine geworden.

Hinter Bartimäus breitet ein Engel die Arme aus. Er lauscht den Worten des Herrn und öffnet erstaunt seinen Mund. Ist es der Engel des Bettlers, sein Führer, sein Sprecher?

Ringsum öffnen sich Fenster und Türen, erscheinen Gaffer und Zeugen. Ganz rechts scheint der kleinwüchsige Zachäus in der Baumkrone einen Zuschauerplatz gefunden zu haben. Alle sind auf ihre Kosten gekommen. Vielleicht sind Verräter darunter, vielleicht aber auch Jünger von morgen.

Der Rabbi, der Blinde und der Engel stehen erhöht. Soll uns bewußt gemacht werden, daß die Heilung Zeichen des angebrochenen Gottesreiches ist? Denn Bartimäus wurden mit den Augen des Leibes auch die Augen des Herzens geöffnet. Jetzt kann er in seinem Heiler den Heiland erkennen, den Retter der Welt. Der Glaube an den Heiler hat ihm den Glauben an den Messias geschenkt. Der Glaube hat ihn zu einem Jünger Jesu gemacht.

In jedem Jüngerleben gehören glauben, sehen und nachfolgen zusammen. Wenn das Herz nicht zur Einsicht kommt und die Füße sich nicht auf den Weg machen, nützt uns das Augenlicht nichts. Dann sehen wir, ohne zu erkennen, ohne zu hören, ohne zu verstehen, was Gott uns sagt, uns aufträgt und an uns tut. Darum werden die Glaubenden seliggepriesen, weil sie sehen und hören dürfen, was viele Propheten und Gerechte ersehnt haben und nicht sehen durften (vgl. Mt 13, 16 f).

»Die Heilung des Blinden« (Autun)

In der Nähe des Kapitells mit der Versuchung Jesu (vgl. S. 43/44) in der Kirche Saint-Lazare in Autun, aber im Seitenschiff, folgt die Heilung des Blinden aus Jericho. Es ist wieder ein Werk des Gislebertus oder seiner Werkstatt. André Malraux sagte von ihm: »Gislebert ist kein Primitiver, sondern ein romanischer Cézanne.«
Auf diesem Kapitell ist nicht die sicher eindrucksvolle Gestalt Jesu das Bemerkenswerteste, sondern der Blinde. Dieser Mensch ist ganz Zuversicht in Erwartung des Wunders. Hinter ihm steht ein Engel mit ausgebreiteten Armen. Wie im Evangelium folgt in der rechten Ecke auch auf dem Kapitell die Szene mit Zachäus, dem Oberzöllner. Er, der »klein von Gestalt war«, steht hier vor seiner Tür, aber zugleich auf den Blättern des »Maulbeerfeigenbaums«. Er nimmt dann Christus in sein Haus auf.
(Foto: Belzeaux – Zodiaque)

Vermächtnis

Abschied und Mahl

Wie auf einem Gruppenbild wird das Ereignis der Stunde im Kapitell festgehalten: zusammengedrängt die Personen, etwas erstarrt die Gesten und der Ausdruck ihrer Gesichter, angemessen die Kleidung, wohlgeordnet der Haarschmuck.

Der Herr hatte die Seinen geladen, um von ihnen Abschied zu nehmen. Sie sollen sein Testament hören und als Erben eingesetzt werden. Petrus, Johannes und Judas vertreten die Jüngerschar. Jakobus, der dritte Vertraute des Herrn, mußte Judas Platz machen. Der begrenzte Raum forderte es. Denn der Verräter durfte nicht fehlen.

In einer Zeichenhandlung nimmt der Herr seine blutige Lebenshingabe voraus. In den Deuteworten über das Brot und über den Kelch erschließt er den Seinen den Sinn seines Sterbens. Die Kirche wird im Mysterium der Eucharistie Mahl, Tod und Auferstehung des Herrn in eins feiern, »bis er kommt in Herrlichkeit«. Nur als geopferter Leib, nur als gemahlenes Korn kann er unser Lebensbrot werden. Die Mutter reicht ihrem Kind die Brust und nährt es mit ihrer Milch. Der Herr reicht uns den Kelch und das Brot und nährt uns mit seinem Leben, mit sich selbst.

Petrus hält das Brot, Johannes hält das Brot, der Herr hält das Brot, das sein Leib ist. Judas hält den Beutel, kein Brot. Sein leeres Ende verschmilzt mit den Falten des Tischtuchs. Während der Herr sein Leben zu unserem Leben verschenkt, verrät Judas den Meister zur Hinrichtung.

Gedankenvoll schauen der Herr und seine Getreuen über das Geschehen hinaus. Bis zum Ende der Zeit, bis zum Ende unseres Lebens empfangen wir aus dieser Stunde die Wegzehr. Von diesem Tisch – läuft er nicht rund um die Säule, rund um die Welt? – geht der Auftrag zum

Eucharistiefeiern aus. Judas hat sein Gesicht abgewandt. Er ist schon unterwegs in die Nacht.

Johannes umgreift einen Fisch, ein altes Christussymbol. Es ist sein Bekenntnis zu Christus. Petrus weist auf den Herrn, und Judas weist auf den Herrn. Petrus bezeugt den Messias, der jetzt leiden muß. Judas weist auf den Verratenen, den er den Priestern verkauft hat.

Der Herr trägt den Kreuznimbus. Seine Rechte ist im Rednergestus erhoben. Die Jünger sind mit einem tellerartigen Nimbus geschmückt, auch Judas. Ist das ein Irrtum? Oder sollen wir uns in ihnen als Sünder und Erlöste zugleich wiedererkennen? Hat nicht auch Petrus seinen Meister verraten? Hat nicht auch Judas seine Schuld bekannt und bereut, auch wenn er in einer Kurzschlußhandlung seinem Leben ein Ende gemacht hat? Sind wir nicht alle solche, die irgendwann schon einmal den Herrn verleugnet, verkauft, um eines Vorteils willen vergessen haben? Ist der Herr nicht auch für seine Verräter, seine Richter und Henker gestorben? Ist er nicht für alle Menschen aller Zeiten und Rassen gestorben? Umschließt die Schuld, die er auf sich nahm, nicht auch das erschreckende Versagen der Nächsten? Der ganzen Welt Schuld ist in der Glut seiner Liebe verglüht. Der Retter der Welt hat niemanden ausgelassen. Gerade die Verlorensten brauchen sein Erbarmen am meisten.

Während der Herr die Seinen verläßt, um den Tod zu erleiden, bleibt er bei ihnen im »Brechen des Brotes«. Gottes Liebe denkt sich noch im Abschiednehmen ein Bleiben aus. Doch erst nach Ostern werden die Jünger begreifen, was in dieser Stunde geschah. Dann werden sie des Meisters Erbe verwalten und weiterreichen von Generation zu Generation – bis er kommt. Dann werden sie auch seine »Brotrede« einordnen können und sie mit diesem Abschied verbinden: »Ich bin das Brot des Lebens; wer zu mir kommt, wird nie mehr hungern, und wer an mich glaubt, wird nie mehr Durst haben... Ich bin das lebendige Brot, das vom Himmel herabkommt: Wer von diesem Brot ißt, wird in Ewigkeit leben. Das Brot, das ich geben werde, ist mein Fleisch für das Leben der Welt« (Joh 6, 35.51).

54

»Das Abendmahl« (Saint-Nectaire)

Südlich von Clermont-Ferrand liegt in der Auvergne Saint-Nectaire in einem herrlichen Hügelland, das langsam zur Bergkette der Dore ansteigt. Der heilige Nektarius war einer der Gefährten des heiligen Austremonius, der – nach Auskunft Gregors von Tours – um 300 das Christentum in die Auvergne brachte. Man weiß nicht viel über die Geschichte des Gotteshauses, das im 12. Jahrhundert zur Abtei La Chaise-Dieu gehörte.

Eine besondere architektonische Leistung stellt der Chorumgang mit den Chorkapellen dar. Ihn tragen Säulen, deren Kapitelle die Passion Jesu in ihren einzelnen Stationen darstellen. Die Arbeiten an den Kapitellen stammen von einer Bauhütte der Auvergne, die ein gallo-römisches Erbe bewahrte. Die betonten Köpfe empfindet man im Vergleich zum übrigen Körper als zu groß. Dadurch erreichen sie aber eine besondere Eindringlichkeit.

Eines dieser Kapitelle bietet die wunderbare Brotvermehrung oder das Letzte Abendmahl, eingepaßt in die Rundung des Kapitells. Christus in der Mitte wird durch den Kreuznimbus gekennzeichnet, während die übrigen Apostel nur einfache Heiligenscheine haben. Die kurzen Beine unter dem rundum laufenden Tischtuch stehen in auffallendem Mißverhältnis zu den langen Oberkörpern mit den großen Köpfen. Die drei Gestalten in der Mitte halten große Brote mit einem Kreuz in Form einer Hostie. Außerdem sieht man zwei Fische, die zusammen mit dem Brot eine Erinnerung an die wunderbare Brotvermehrung sind. Auch ist der Fisch ein altes Symbol für Christus. Hier hat der Künstler – wie bei vielen mittelalterlichen Motiven – zwei Themen, die in engem Zusammenhang miteinander stehen, in einem Bild vereinigt: die wunderbare Speisenvermehrung und das Letzte Abendmahl, indem er die Elemente des ersten Geschehens auf dem Abendmahltisch vereinigt. Es ist eines der Meisterstücke mittelalterlichen Denkens in aufeinander bezogenen Symbolen.
(Foto: Zodiaque)

Unbesiegbare Liebe

Gekreuzigt – gestorben

Vor aller Zeit wurden wir in Gottes Herzen geboren. In der Fülle der Zeit hat uns Jesus, der menschgewordene Sohn Gottes ist, wiedergeboren. Weil er unsere Schuld auf sich nahm, mit in den Tod nahm, weil der Vater ihn auferweckte und über alle Himmel erhöhte, sind wir Söhne des »Neuen Adam« geworden, seines Geschlechtes. Unsere Wiedergeburt hat Jesus das Leben gekostet.

Der Gekreuzigte auf dem Kapitell ist schon tot. Damit ist auch sein Leiden beendet. Eine Stille jenseits von Schmerz und jenseits von Tod breitet sich aus. Die Erlösung ist vollbracht. Die Wiedergeborenen können ihren ersten Atemzug tun. Die entspannte Stille ist wie eine Atempause zum Begreifen der Liebe, die selbst am Verbrechergalgen mit dem Lieben nicht aufhören kann.

Der Lanzenstich des Longinus hat die Quelle eröffnet, die Tod anzeigt und Leben schenkt: unsterbliches Leben, Herrlichkeitsleben, noch verborgen in Gott, dennoch schon Gemeinschaft mit dem erhöhten Herrn.

Noch stehen wir mit Johannes und der Gottesmutter unter dem Kreuz. Sie schauen nicht auf den Toten. Aber sie schauen still und verhalten nach innen. Das Herz hat Fragen. Vielleicht gibt ihnen die Schrift, die beide in Händen halten, eine Antwort. Sie haben die Qual, die Quälerei und den Tod des Meisters, des Sohnes, des Herrn miterlebt. Es hat ihnen das Herz zerrissen. Sie haben ausgehalten unter dem Kreuz.

Auch der Herr hat ausgehalten am Kreuz, obwohl die Schaulustigen über ihn spotteten: »Wenn du Gottes Sohn bist, hilf dir selbst und steig herab vom Kreuze!« (Mt 27,41). Gottes Sohn hat sich für die Ohnmacht der Liebe entschieden. Am Kreuz erhöht, wollte er alle zu sich ziehen, hinüber zum Vater (vgl. Joh 12,32).

57

Der Tod des Gerechten hüllte alle und alles in Nacht. Selbst die Sonne verfinsterte sich. Erst Ostern wurde es Tag. Erst Ostern brachte die Antwort. Erst Ostern begannen sie zu begreifen, daß sein Tod ihnen zum Leben gereichte; daß sein entsetzliches Sterben ihre Erlösung enthielt. Seine Liebe zu uns war erst voll und der Auftrag des Vaters erfüllt, wenn er am Kreuz für uns starb. Wo alles zu Ende schien, fing alles neu an: sein und unser Leben jenseits von Tod. Um dieser Stunde willen wurde Gottes Sohn Mensch. In dieser finstersten Stunde der Weltzeit wurden wir in Gottes unvergängliches Licht hinein wiedergeboren.

Einwände melden sich: Macht nicht jedes Sterben dem Leben ein Ende? Selbst ein Sterben aus Liebe bleibt für den Geliebten Verlust; denn keiner der aus Liebe Gestorbenen ist je wiedergekommen. Doch Gottes Liebe ist schöpferisch. Selbst sein Sterben enthält das »Werdewort« seiner Liebe, aus dem wir stammen. Gottes Liebe ist stärker als Tod.

Da hängt nun der uns gleichgewordene Jesus: klaglos – tot. Es mußte so kommen. Sie verstanden ihn nicht. Er paßte nicht in ihr Schema. Er paßte sich nicht an. Er sprengte ihre überkommene Vorstellung von Recht und Gerechtigkeit, vom Messias und seinem Reich. Die Gesetzeshüter mußten ein Exempel statuieren, und Jesus mußte seine Botschaft bezeugen: nicht durch Argumente und Machttaten, nein, allein durch seine unbesiegbare Liebe. Liebe ist die Summe und der Kern seiner Botschaft vom Vater. Das macht ihn wehrlos und machtlos. Er liefert sich unserem Haß aus. Er liefert sich dem Tod aus und schwemmt unsere Schuld fort. Liebend bringt er den Tod um und macht aus Sündern Erben seines Unsterblichkeitslebens.

Herr, deine Arme breiten sich allen Menschen entgegen. Deine Liebe gehört den Nahen und Fernen, den Guten und Bösen, den Lebenden und Verstorbenen – bis hin zum letzten Menschen der Weltzeit. Wenn du wiederkommst, um die Welt zu vollenden und uns ewig selig zu machen, dann werden wir vollends begreifen, daß du für uns sterben mußtest. Die Logik der Liebe ist anders als die Logik des Hasses. Bewahre uns in deiner Liebe. Amen.

»Die Kreuzigung« (Estany)

In den katalonischen Pyrenäen, etwas südlich von Vich, liegt Estany. Die romanische Muttergotteskirche des Klosters entstand ebenso wie der holzgedeckte Kreuzgang im 12. Jahrhundert. Er ist wegen der außergewöhnlichen Skulpturen der Kapitelle beachtenswert. Auf denen des Nordflügels wird das Neue Testament erzählt. Es beginnt mit dem Sündenfall, dann folgen Verkündigung, Geburt Jesu und Anbetung der Könige, Abendmahl, Passion und Jüngstes Gericht.

Aus diesem Zyklus stammt die vorstehende Kreuzigung. Christus am Kreuz ist schon gestorben, er neigt sein Haupt. Longinus öffnet ihm die Seite mit seiner Lanze. Hinter Longinus steht Maria, ein Buch in der Hand. Rechts, ebenfalls mit einem Buch, erkennt man Johannes. Alle sind deutlich in die Schräge des Kapitells eingefügt. Christus ist wesentlich größer als die anderen Beteiligten. Er hat das Werk vollbracht. Deutlich verschenkt er mit ausgebreiteten Händen die Gnade, die er durch seinen Kreuzestod erwirkt hat. Während Longinus ganz auf das Kreuz konzentriert ist, sind Maria und Johannes in sich gekehrt; Maria – mit geschlossenen Augen – ist ganz in ihrem Schmerz gefangen.

(Foto: Yan – Zodiaque)

Tod, wo ist dein Sieg?

Das leere Grab

Bei jedem Menschen, den wir begraben, tut sich die Erde auf und gibt ihn nicht wieder her. Der Verstorbene verschwindet endgültig in ihrem Schlund. Solange es Menschen gibt, wiederholt sich dieses Verschlungenwerden im Tod.

Wir wehren uns gegen den Tod. Verhindern läßt er sich nicht. Deshalb tun wir alles, um ihn hinauszuschieben oder auch nur zu verdrängen. Wir werden nicht fertig mit dem todsicheren Tod. Mag er auch manche von unerträglichen Leiden erlösen – er raubt uns gleicherweise ungelebte Freuden und Feste. Auch hindert er uns, Schuld abzutragen und wieder in den Frieden zu kommen. Das Unfertige läßt er unfertig. Das Gelungene macht er fragwürdig. Der sichere Tod verunsichert unser Leben und wirkt wie ein Störsender.

Auch die Jünger verdrängten die Leidensansagen des Meisters. Sie wollten von seinem nahen Sterben nichts wissen. Dennoch erlebten sie täglich, wie seine Gegner den Rabbi hinterlistig zu Fall bringen wollten; wie sie jede Gelegenheit benutzten, um einen Rechtsfall zu schaffen, um ihn dem Gericht ausliefern zu können.

Jesus selbst wußte um seinen nahen Tod. »Als seine Stunde gekommen war«, wurde er als Gesetzesbrecher und Gotteslästerer verurteilt und hingerichtet. Wegen des großen Sabbats mußten ihn seine Freunde noch am Vorabend in aller Eile begraben.

Da war mehr als ein Verwandter, ein Lehrer, einer der Propheten gestorben: Sie hatten ihren Retter, ihren Messias begraben. Hatten sie mit ihm nicht ihre, ja ganz Israels Hoffnung begraben? War ihr Auftrag nicht sinnlos geworden? War nicht alles umsonst? Verängstigt, ratlos und traurig hatten sie sich aus dem Staube gemacht. Nur die Frauen waren geblieben. Auch sie konnten den Toten nicht wieder ins Leben zurückholen, doch wollten sie ihm wenigstens alle Liebe erweisen. »Am ersten Tag der Woche, gleich beim Aufgang der Sonne«, wollten sie nachholen, was sie wegen der eiligen Grablegung hatten unterlassen müssen. Sie eilen mit ihren Spezereien zum Grab.

Durch Einbeziehung der Ornamente und wohlüberlegte Komposition hat der Steinmetz ein Kontrastbild geschaffen: Die Fratze der menschenverschlingenden Unterwelt wird zur Kulisse der Osterbotschaft. Wie Augen stieren die Spiralen der Eckvoluten. Der Arkadenbau des Jerusalemtempels erscheint wie eine Nase. Und der Steinsarkophag wird zum offenen Rachen.

Dieses unersättliche Maul hat auch Jesus im Tode verschlungen. Behalten konnte ihn die Unterwelt nicht. Sie mußte Jesus wieder hergeben, wie der Fisch Jona wieder hergeben mußte. Hier findet »das Zeichen des Jona«, von dem der Herr sprach, seine Erfüllung. Der Sarkophag ist aufgeklappt – leer. An seiner Längsseite lappen die Grabtücher und -binden wie grünende Blätter über den Rand und künden vom Leben.

An der offenen Schmalseite steht ein geflügelter Bote. Seine Füße haben sich in den Boden verkrallt, als suchten sie Halt. Während seine Linke in die Gewandfalten greift, ist die Rechte im Rednergestus erhoben. Er schaut die Frauen nicht an. Aber er kündet: »Erschreckt nicht! Ihr sucht Jesus von Nazaret, den Gekreuzigten. Er ist auferstanden; er ist nicht hier« (Mk 16,6.) Erhebt der Bote sein Antlitz, weil seine Botschaft über alles Begreifen hinausgeht?

Der Frau neben dem Boten ist das Erschrecken in die Glieder gefahren. Sie hebt den Kopf und schaut wie erstarrt. Wird ihr nicht gleich entgleiten, was sie in Händen hält? Die Frau auf der anderen Seite scheint gefaßter zu sein. Fest umgreift sie ihre Amphore, während ihre Augen schon den Horizont nach dem Lebenden absuchen.

Wie kann ihr Herr leben, wo sein Tod doch amtlich bestätigt war? Aber er lebt! Als Lebender hat er auch für sie eine Botschaft vom Leben. Dann ist mit dem Tod nicht mehr alles zu Ende! Dann starb Jesus, um vom Leben jenseits des Todes zu künden. »Ich lebe und ihr werdet leben«, hatte er vor seinem Sterben gesagt. Das ist es! Am Ende ist jetzt der Tod! Jesu Auferweckung hat die unsere eingeleitet. Wir sind Anwärter seines Lebens geworden. An Ostern hat die Ewigkeit begonnen. Alleluia!

»DIE FRAUEN AM LEEREN GRAB« (TORRES DEL RIO)

Einige Kilometer nördlich der Provinzhauptstadt Logroño liegt im welligen Hügelland Torres del Rio. Dort steht die Kirche des Heiligen Grabes. Sie ist, wie alle diese Heilig-Grab-Kirchen, ein Rundbau. Der kleine Turm über der Kuppel trägt eine Toten-leuchte. Die Kirche entstand im 12. Jahrhundert als Erinnerung an einen Kreuzzug. Den Zugang zum Altarraum begrenzen Säulen mit Kapitellen. Das eine stellt die Kreuzabnahme und das andere – unser Bild – die Frauen am leeren Grab dar. Ein Sarg, so kostbar wie eine Schmuckschatulle, steht in der Höhle eines Berges, über dem der Tempel von Jerusalem aufragt. Rechts und links von diesem wertvollen leeren Sarg sehen wir einen Engel und die Frauen mit Salbgefäßen in den Händen.
Eine Besonderheit dieses Kapitells, aber auch des benachbarten, ist die Kleidung der Gestalten. Frauen und Engel sind zweifellos mozarabisch, wie vieles andere an diesem Bau. Das ist in Spanien nicht verwunderlich, wenn man bedenkt, daß dieses Land so-gar bis hinauf in den Norden einige Jahrhunderte lang ein maurisches Kalifat war.
(Foto: Zodiaque)

Herr der Herrlichkeit

Der Erhöhte

Wir haben den Herrn der Herrlichkeit gekreuzigt – und wußten es nicht. Werden wir ihn erkennen, wenn er wiederkommt? Der erniedrigte Herr paßte nicht in unser Messias-Konzept. Wird auch der Verherrlichte nicht hineinpassen? Unsere Vorstellung ist weithin vorgeprägt von der Macht und Herrlichkeit dieser Welt. Die Mächtigen unserer Erde aber machen uns Angst. Sind wir nicht der Schemel ihrer Füße? Stehen nicht viele von ihnen auf den Köpfen ihrer Feinde? Kommt ihr Herrlichkeitsglanz nicht von unseren verschwitzten Gesichtern, von unseren verarbeiteten Händen? Haben nicht wir mit unerträglichen Steuern ihren Prunk finanziert? Wir zittern vor der Macht und Herrlichkeit dieser Welt. Die Laune der Mächtigen kann uns wie Ungeziefer zerdrücken. Ihre Habgier kann uns das Lebensnotwendige rauben. Ihr Größenwahn kann ganze Völker vernichten und die eigenen Bürger wie Schlachtvieh dahinmorden lassen. Mit Macht und Herrlichkeit verbinden wir Ungutes.

Vor diesem Kapitell müssen wir umlernen. Von diesem Verherrlichten, »der zur Rechten des Vaters sitzt«, empfängt alle Macht und Herrlichkeit ihr Maß und ihr Urteil. Nur Gott stehen Macht und Herrlichkeit zu. Nur als Zeugnis für Gott können sie von Menschen verwaltet werden. Wir aber haben sie uns wie Besitz angemaßt – und verraten. Dieser Erhöhte führt uns zum Ursprung zurück. Er ist anrührend nah und unnahbar zugleich: Unnahbar wie einer, der Leid austragen muß für eine Geburt, wie einer, der seine Braut in Gefahr weiß. Und dann wieder nah wie ein Liebender, der Liebe erweckt und Antwort ersehnt. Das Angesprochensein lädt zum Ansprechen ein: Herr, du sitzt in einer Blättermandorla. Du herrscht vom Kreuz, sagt der Hymnus. Sitzt du in der Krone des jetzt blättertragenden Kreuzesbaums? Du sitzt wie ein Kind, wie ein Bittsteller – nicht wie wir uns einen Herrscher über Himmel und Erde vorstellen. Denn unsere Machthaber demonstrieren schon durch ihr Sitzen tödliche Macht. Du sitzt bescheiden und wartend, mit geschlossenen Knien, unendlich zart und zerbrechlich. Ganz locker umgreifst du dein Zepter, den Kreuzesstab, dies Geheimnis deiner Macht in der Ohnmacht. Deine segnende Rechte erinnert noch immer an deine ausgespannten Arme am Kreuz. Noch als Verherrlichter trägst du als Krone das Kreuz. Es bleibt der Schlüssel zu dir.

Der Perlenschmuck auf deinem Gewand wird zur Wegspur in dein stilles Gesicht. Es strahlt kein Siegerlächeln, keine Selbstherrlichkeit aus. Erschreckend ernst schaust du durch alle Weltzeit hindurch. Deine Augen sind Krater – groß, rund. Sie legen dein Herz bloß: einen Abgrund von Erbarmen mit uns. »Im Abgrund deines Angesichts verbirgst du sie« (Ps 31,21). Auch dein Mund triumphiert nicht. Er spricht auch kein Urteil. Er schweigt, erfahren in Liebe und Leid. Deine Herrlichkeit scheint erst voll, wenn wir alle mit dir verherrlicht sind. Bis dahin bangst du um uns. Bis dahin leidest du mit jedem von uns. Bis dahin schlägt dein Herz unruhig vor lauter Erbarmen mit uns.

Weil deine Verherrlichung in Gottes Plan zuvor deine tödliche Erniedrigung wollte, bleiben sie untrennbar miteinander verbunden. Erst beide zusammen loten die Liebe aus, mit der Gott uns seit Ewigkeit liebt. Dein Tod bleibt der Preis unserer Lebensgemeinschaft mit dir. Deine Herrlichkeit soll ja die unsere werden.

Solange wir unterwegs sind, kannst du uns nur das Antlitz deiner leidensfähigen, deiner erbarmenden Liebe zuwenden. Du selbst, dessen Namen und Wesen Liebe ist, erwartest uns sehnlichst. Liebe aber vertreibt unsere Angst. Wer sehnte sich nicht nach einem, dessen Liebe niemals enttäuscht, niemals vergeht, bei dem Recht und Gerechtigkeit, Macht und Herrlichkeit immer neu der Liebe entspringen und in sie einmünden! Ein Liebender kommt uns entgegen. »Ich komme wieder und werde euch zu mir holen, damit ihr dort seid, wo ich bin« (Joh 14,3).

»Christus in der Herrlichkeit« (Payerne)

Payerne, auf halbem Weg zwischen Lausanne und Bern, ist eine kleine Stadt im Waadtland. Das Kloster Payerne (Peterlingen) gehörte schon früh (962) zu Cluny, und drei große Äbte von Cluny waren zugleich die Äbte von Payerne: Mayeul, Odilo(n) und Hugo. Die Reformation brachte das Ende des Klosters.

Die grandiose ehemalige Abteikirche besitzt noch eine Reihe bemerkenswerter Kapitelle vom Ende des 11. Jahrhunderts. Sie gehören zum Querschiff und zum Chorraum.

Die Kapitelle von Payerne unterteilt man in drei Gruppen: frühe Würfelkapitelle mit Kerbschnittmotiven; korinthisierende Kapitelle mit Tier- und Menschenfiguren; schließlich die erzählenden Chorumgangskapitelle, zu denen Christus in der Herrlichkeit zählt (unser Bild).

Der verherrlichte Christus mit Kreuznimbus sitzt, den Kreuzstab in der linken Hand und segnend mit der rechten, auf einem Thron. Sein Körper gleicht mehr oder weniger einer Dekoration, nur die großen Hände und Füße deuten an, daß sich darunter ein Leib verbirgt. Der große Kopf beherrscht das Kapitell. Zweifellos waren in den Pupillen Halbedelsteine oder wenigstens andersfarbige Steine eingesetzt, ebenso in den Löchern der Schärpen, die das Gewand zusammenhalten.

(Foto: Yan – Zodiaque)

Vollendung

Aufnahme Mariens

Vollendung setzt Anfang voraus. In der Assumpta auf dem Kapitell schließt sich der Kreis. Was im Gehorsam des Glaubens begann, erfüllt sich in seliger Schau. An der Nahtstelle zum unvergänglichen Leben berührt Vergangenes ewiges Jetzt. Der Lobpreis Mariens am Beginn ihrer Erwählung erfährt in der Aufnahme Mariens seine letzte Erfüllung. Mit immer neuen Namen hat die Kirche dieses Ereignis gefeiert: als Aufnahme Mariens, als Entschlafen Mariens, als Krönung Mariens, als Himmelfahrt Mariens.

Nicht nur in Israel gibt es Entrückungsgeschichten; Henoch und Elija fordern zum Vergleich auf, auch die Apotheose der römischen Kaiser. Aber der Steinmetz hält sich nicht an herkömmliche Darstellungen. Wenn er hier die Aufnahme der Gottesmutter so eigenwillig gestaltet, hat er ein Anliegen, das er auch uns bewußt machen möchte. Er schildert letzte Vollendung in der Gebärde der Selbstverhüllung.

Die jugendliche Maria versteckt ihr Gesicht hinter den Händen, wie Kinder es tun. Nur der Stirnansatz und das gescheitelte Haar bleiben sichtbar. Den Oberkörper verdecken die angewinkelten Arme. Maria steht aufrecht. Ihr bodenlanges Gewand gibt nur die Fußspitzen frei. Sie steht uns zugewandt, in einer perlengeschmückten Mandorla. Ähnelt sie nicht einer aufgesprungenen Samenkapsel, die ihr Korn freigibt? Engelwesen halten sie uns entgegen, als sollten wir noch Abschied nehmen von der Erhöhten – und Heimweh bekommen. Trägt ein Engel Mariens Haare in Händen? Er trägt sie wie eine Schleppe.

Wie du so dastehst, muß ich dich ansprechen. Was ist geschehen? Warum versteckst du dein Gesicht hinter den Händen? Warum entziehst du dich uns, gerade jetzt, wo dein Leid in unsägliche Freude umschlagen wird? Gehst du nicht der Krönung deines Lebens entgegen?

Könntest du uns nicht königlich anschauen? Wir möchten dein Strahlen erleben. Oder strahlst du gar nicht?

Sollen die Hände vor deinem Gesicht nur bezeugen, daß du dir treu bleibst? Du freust dich und schämst dich zugleich. Denn nach wie vor bleibst du die kleine Magd deines Herrn. Dann aber bleibt auch der Abstand. Dann bleibt auch – von dir aus gesehen – unangemessen, was jetzt geschieht. Deine Krönung ist keine Belohnung, die irgendeinem Anspruch entspräche. Du erfährst nur endgültig, daß der Herr auf seine Magd schaut. Du erfährst nur leibhaftig, daß er die Niedrigen erhöht. Du erfährst nur erneut, daß der Mächtige Großes an dir tut. Du wirst dein Magnifikat weitersingen, ewigkeitslang.

Auch jetzt willigst du ein in Gottes Wege mit dir. Dein Ja bezeugt Gottes Erbarmen von Geschlecht zu Geschlecht. Dein erstes war ahnungslos. Dein letztes – unter dem Kreuz – war wissend-unwissend. Zwischen beiden Ja lag der Auftrag des Sohnes. Dieser Auftrag umschloß dich und schloß dich auch aus von vielem, was eine Mutter von ihrem Sohne empfängt und erwartet. Noch der Sterbende entzog sich, als er dir Johannes zum Sohn gab. Nur den Toten legte man dir für kurze Zeit auf die Knie. Aber dann, als die Todesruhe vorbei war – brach aus der Stille der Sturm los: Osterbraus – Pfingstbraus – Feuer. Dein Sohn, unser Herr, lebt! Er kann nicht mehr sterben. Er wurde erniedrigt, wie nur Menschen Menschen erniedrigen können. Gott aber hat ihn auferweckt und über alle Himmel erhöht. Er hat ihn zum Herrn des Alls eingesetzt. Dein Sohn ist dein Herr. Du bist die Braut, die er heimführt. Du bist die erste. Du machst den Anfang. Du vertrittst alle: Nicht nur Israel, nicht nur die Kirche, nicht nur alle Getauften – nein, du vertrittst das ganze Menschengeschlecht, du Urmutter des neuen Geschlechtes, du neue Eva.

Um dieses Augenblicks willen hat uns Christus erlöst. Maria verhüllt ihr Gesicht, weil Gottes Licht blendet; weil sie uns sagen will, daß sie es nicht »verdient« hat; weil sie uns zeigen will, daß alles reines Geschenk ist.

Ziehe uns dir nach in das Licht deines Sohnes, unseres lieben Herrn! Amen.

70

»Die Himmelfahrt Mariens« (Chenac)

An der Girondemündung, fast schon am Atlantik, liegt hinter Talmont die kleine Kirche Saint-Martin in Chenac. In dieser modernen Kirche hat man im Chor zwei Kapitelle aus dem 12. Jahrhundert wiederverwendet: Samson zu Pferd im Kampf mit dem Löwen und die in verschiedener Hinsicht sehr eigenwillige Darstellung der Himmelfahrt Mariens.

Wir haben hier wieder eine der Rundkompositionen, aber ohne Eckbetonung durch Voluten. Im Gegenteil, wo man sie erwarten würde – unter der Ecke des Abakus – findet man die Zentralfigur dieser Komposition: Maria in einer Mandorla. Sie wird von einer Engelschar – rechts und links von ihr – in den Himmel getragen. Ungewöhnlich ist die Haltung Mariens. Sie bedeckt mit beiden Händen das Gesicht. Daß Maria mit geschlossenen Augen in den Himmel auffährt oder getragen wird, findet man hin und wieder, nicht aber diese »Verhüllung«. In ihrer Schlichtheit wirkt die originelle Plastik des ländlichen Meisters besonders eindrucksvoll.

(Foto: Zodiaque)

Karl Kolb

Die erzählenden Kapitelle

Die Entwicklung zum romanischen Bilderkapitell

Kapitelle (von lateinisch »capitellum« = Köpfchen) bilden seit alters
her Bauelemente. Sie sind zwar nicht unbedingt notwendig, wie etwa
Wände, Dach oder Portal, doch sind sie bereits seit Jahrtausenden in
repräsentativen Bauwerken so selbstverständlich zu finden wie Säulen
oder Pfeiler. Schon die Phönizier, Assyrer, Ägypter, Griechen und Rö-
mer verwendeten sie viele Jahrhunderte vor Christus.

Kapitelle dienen immer als Bindeglied zwischen Säulen oder Pfeilern
und dem Gebäudeteil, den die Stütze tragen muß, sei es ein einfacher
Balken – ob aus Holz oder Stein – oder die unterschiedlichsten Bogen-
formen, die auf diese Kapitelle herabfallen.

Statt der Kapitelle – von der Konstruktion her durchaus entbehrlich –
gab es auch andere Lösungen, aber sie bleiben eine Ausnahme. So entstand noch im 11. Jahrhundert im französischen Jura die Prioratskirche
Saint-Juste, dort verzichtete man nicht nur über den Pfeilern, sondern
auch zwischen Säulen und Bogenauflagen auf Kapitelle. Auch in Tré-
malo in der Bretagne besitzen die plumpen Säulen keine Andeutung
von Kapitellen; die Bogen laufen auf dem Säulenschaft aus. Ein weiteres Beispiel bietet die herrliche romanische Abteikirche in Tornus.
Dort trägt jede Säule nur einen kleinen Ring, fast zu knapp, um die Ge-
wölbebogen aufzunehmen – mit einem dorischen oder toskanischen
Kapitell nicht zu vergleichen.

Kapitell-Formen

Die Kapitelle entwickelten sich, je nach Landschaft und Jahrhundert, in verschiedenen Formen, immer aber vermittelt das Kapitell zwischen Stütze und Last. (Eine kurze Übersicht über die Vielfalt der Formen findet man am Ende dieses Beitrags.)

Die griechisch-römische Entwicklung des Kapitells dürfte die bekannteste sein, ist aber keineswegs allgemein gültig. Andere Völker entwickelten ihre eigenen, zum Teil wesentlich älteren Formen, und auch der Okzident folgte jahrhundertelang anderen Richtungen.

In Verbindung mit den drei großen griechischen Säulenordnungen entstehen drei Kapitellformen, die später zum römischen Kapitell führen. Das *dorische* Kapitell entsteht im griechischen Mutterland als ringsumlaufender Wulst.

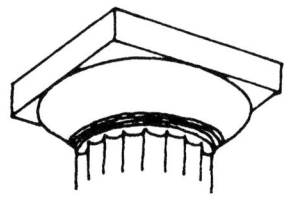 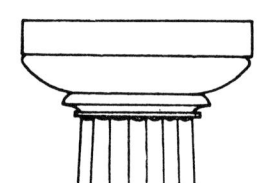

← Abakus
← Echinus (Polster/Wulst)
← Anuli (Ringe)

Seine technische Funktion bleibt noch klar erkennbar. Das Kapitell bildet den oberen Abschluß der Säule und zugleich die Auflage für das darüberliegende Gebälk.

Fast gleichzeitig mit der dorischen Kapitellform entwickelt sich die *jonische* – ursprünglich beheimatet in den griechischen Siedlungen Kleinasiens. Deren Kennzeichen, die Eckvoluten, bewirken zwei Schauseiten.

74

»Die Auferstehung« (Brech)

Nördlich des Golfs von Morbiham liegt in der Bretagne westlich von Vannes der kleine Ort Brech (Bre-hec – britische Emigranten gaben fast allen von ihnen gegründeten Dörfern die Vorsilbe »Bre«). Dort bestand ein Priorat der Abtei Saint-Sulpice unter dem Namen Notre-Dame de Kerléano.

Die alte Pfarrkirche Saint-André von Brech enthält aus romanischer Zeit ein fünfjochiges Schiff und die Seitenschiffe. Zu dem, was von der romanischen Kirche übrigblieb, gehören die Kapitelle der Säulen, die an den Pfeilern anliegen. Sie sind – wie vieles in der Bretagne – aus Granit; auch römische Quader wurden wiederverwendet. Der harte Stein zwang zu großflächigen einfachen Formen.

Eines der ikonographisch interessantesten Kapitelle zeigt zwei Wächter, die rechts und links neben dem Symbol des Auferstandenen wachen. Sie haben je einen riesigen bärtigen Kopf, der aus einer Tunika herausragt, unter der noch dünne Beine hervorschauen. Wesentlich bemerkenswerter als diese beiden originellen Männer aber ist das Kreuz. Es ist hier keineswegs ein Zeichen des Leidens, sondern ein Symbol der Auferstehung. Die Kugel, die fast immer zu diesem Auferstehungskreuz gehört, wird als Weltkugel oder als Apfelsymbol gedeutet. Aus dem Apfel des alten Adam sproßt neues Leben – zwei Blätter – durch den Kreuzestod.

Die Vermutung, die im Zusammenhang mit diesem Kapitell geäußert wurde, es handle sich um ein Malteserkreuz, ist unwahrscheinlich. Einerseits gab es in dieser Gegend nie Malteser; andererseits ist diese Kreuzform zwischen zwei Wächtern schon im 4. Jahrhundert bekannt (Mailänder Sarkophag aus dem 4. Jahrhundert). Dennoch bleibt die Frage unbeantwortet, wie diese frühchristliche Form in eine Landkirche der Bretagne kommt.

(Foto: Zodiaque)

Etwa ab dem 5. Jahrhundert v. Chr. verdrängt das reichere *korinthische* Kapitell das jonische. Es trägt Blatt- und Volutenschmuck und schafft die Voraussetzung für das *römische* Kapitell, das dann, ebenso wie die anderen Formen mehr oder weniger abgewandelt, zeitweise und nicht erst in der Renaissance wieder in christlichen Bauten erscheint.

korinthisch   römisches Kompositkapitell

Früh schon kommt von *Byzanz* her eine neue Würfelform, die zunächst noch die Schnecken in den Ecken beibehält, aber rasch zum schlichten trapezförmigen Korb wird. In Byzanz steht oft über dem Würfel ein Kämpfer, der in der Romanik mehr oder weniger verschwindet. Nur eine Deckplatte bildet dann die Auflage für ein Bogenende.

Es ergibt sich etwa diese Abfolge, bei der der Korb selbst immer größere Bedeutung erlangt: Unmittelbar auf dem Säulenschaft folgt der Halsring, darauf sitzt der Korb, darüber ein Kämpfer oder auch sofort ein Abakus, eine meist viereckige Deckplatte, die die Bogenenden oder das Gebälk aufnimmt:

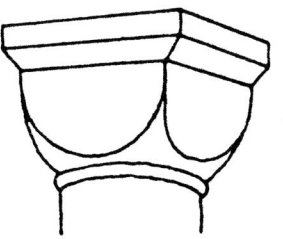

← Deckplatte (Abakus)
← Kämpfer
← Korb

← Halsring
← Säule (oder Pfeiler)

Daneben bestehen selbstverständlich zur gleichen Zeit auch andere Formen. So hat sich die Toskana an dorische Formen zurückerinnert. Einfache Blätterkapitelle, deren Hauptschmuck Akanthusblätter und

Eckvoluten bildeten, blieben zunächst auch noch in romanischer Zeit üblich. Jedenfalls haben all diese Kapitell-Formen jahrhundertealte Traditionen, um die sich sogar legendäre Vorstellungen rankten.

Die Annahme, wonach im Baum das Vorbild der Säule zu sehen ist – die Basis als Wurzel und das Kapitell als Blätterwerk –, stellt den nachträglichen Versuch einer Deutung dar. Dies gilt auch für die griechische Sage, nach der ein Korb voller Akanthusblätter den Architekten Kallimachos zur Gestaltung von Kapitellen angeregt haben soll.

In manchen Kulturen entwickelten sich neben den reinen geometrischen oder Pflanzenformen auch Tier- und Menschenköpfe als Schmuck.

Kapitell-Symbolik

Das Kapitell war in einigen Kulturen schon früh nicht nur ein schmückendes Architekturteil, und die Ornamentformen wählte man nicht zufällig.

So bargen etwa die ägyptischen Lotoskapitelle – in sehr vielfältigen Formen – einen Symbolgehalt, dessen Bedeutung wir heute nur noch erahnen können. Der Nil als lebenspendendes Wasser, der alles befruchtet und die »Fülle des Jahressegens« hervorbringt, galt als göttlich ebenso wie das durch ihn lebende Produkt, die Lotosblume. Sie war das Symbol des Osiris und der Isis. Auch die in Persien und zum Teil in Ägypten entstandenen gehörnten Kuhkapitelle (oder Menschen mit Kuhhörnern) waren das Symbol der Hathor (Lebensgöttin), die der Isis oder Aphrodite entspricht.

Während aber diese Gestaltungen keinen Eingang in die westliche Welt fanden, wird das korinthische Kapitell mit seinen Akanthusblattformen ein Element der westlichen Kunst, das sich bis in unsere Tage hielt. Der Akanthus, eine Distelart des Mittelmeerraums, galt als Symbol der Unsterblichkeit und blieb es auch im Christentum. Er galt zugleich als Symbol der Macht. Diese Doppeldeutigkeit – sogar in gegensätzlichem Sinn – führte immer wieder zu Deutungsschwierigkeiten. Vor allem aber fällt es schwer, zwischen rein dekorativen Aufgaben und anderen Bezügen zu unterscheiden.

Das »Agnus Dei« (Figuefleur)

*Im Norden der Normandie, dem Hafen Honfleur benachbart, liegt der kleine Ort Figue-
fleur. Die dortige St.-Georgs-Kirche ist einer der bemerkenswertesten Bauten der Normandie; denn hier findet man die ersten Steinmetzzeichen der Romanik. Die Kirche
liegt außerhalb des Ortes an der Straße von Beuzeville nach Honfleur.*
*Der Bau blickt auf eine bewegte Geschichte zurück. Vor allem im 17. Jahrhundert
wurde ihm übel mitgespielt. Von seiner großen Vergangenheit zeugen heute noch romanische Plastiken. Sie sind zwar keine überragenden Meisterwerke, aber wichtig für
die Geschichte der Plastik der Haute-Normandie.*
*Das Agnus Dei erscheint zweimal (es ähnelt stark einem Pferd), ist mit einem Kreuz-
nimbus am Kopf geschmückt und trägt mit seinem rechten Vorderfuß, wie üblich, das
Auferstehungskreuz: das Lamm, das geschlachtet wurde und über den Tod triumphiert. Um keinen Zweifel daran zu lassen, daß es sich um das mystische Lamm der
Apokalypse handelt, findet man außer den beiden Kreuzsymbolen in der linken Ecke
die Buchstaben »AGNUS«. Das Zeichen »G« ringelt sich zu einer Spirale ein, und das
»S« liegt unten quer. Wahrscheinlich läßt die Naivität dieser Darstellung sie so ein-
dringlich erscheinen. Die altertümliche Inschrift trägt mit dazu bei, das Datum für
diese Arbeit nach dem Ende des 11. Jahrhunderts anzusetzen.*
*Das Motiv des Lammes gilt für die romanische Normandie ebenso wie für England als
klassisch. Man findet es, oft entschieden feiner gearbeitet, in Neufmarché-en-Lyons, in
Manéglise und in verschiedenen kleineren Orten im Vexin (Pariser Becken), an der
Eure und in drei Kirchen im Calvados.*
(Foto: Zodiaque)

Doch das sollte sich auf einmal ändern. Neben der griechisch-römischen und byzantinischen Tradition entstand etwas völlig Neues, Unerwartetes mit der Romanik, die man im allgemeinen in der Zeit von 1000 bis 1250 ansetzt, und in Frankreich, und hier handelt es sich vornehmlich um die Entwicklung in Frankreich; je nach Landstrich schon etwas früher, kommen neue, bisher unbekannte Formen auf. Das dauert zwar nur kurze Zeit, aber was wurde in dieser Zeit alles geschaffen. Das Kapitell stand jetzt im Dienst der christlichen Lehre. In einer Zeit, in der nicht jedermann lesen und schreiben konnte, bedurfte man des Bildes, um die christlichen Wahrheiten auch denen näher zu bringen, die man sonst nur mit Predigten erreichte. Eines der Mittel, deren man sich dabei bediente, war das Kapitell. Aus einem dekorativen Bauelement wurde in der Hochromanik und noch in der frühen Gotik ein Platz für figürliche Plastiken bis hin zu freien Gestaltungen wie etwa in Monreale oder Lescure (siehe Seite 21–24), wo man zwei nebeneinander liegende Kapitelle zu einem einzigen Hochrelief zusammenfaßte, das jede geometrische Form verdeckt.

Die Welt nach dem Jahr 1000

Um zu verstehen, wie es zu erzählenden Kapitellen kam, muß man sich die Entwicklung der Welt nach dem Jahr 1000 vor Augen halten. Zweifellos herrschte im 10. Jahrhundert eine Art Weltuntergangsstimmung. Aus verschiedenen biblischen Andeutungen, die man entsprechend auslegte, glaubte man, im Jahr 1000 nach Christus werde das Weltgericht stattfinden. Aufrufe zur Erneuerung und zur Umkehr fielen auf fruchtbaren Boden. Schwärmerisch berichtet der Mönch und Geschichtsschreiber Raoul le Glabre von dieser seiner Zeit. Man hatte den »Weltuntergang« überstanden und erfüllte nun zweifellos so manches, was man aus Furcht gelobt hatte. Die Pilgerfahrten nach Santiago, Rom und Walsingham und schließlich ins Heilige Land sind Zeichen dafür. Die religiöse Begeisterung fand aber auch ihren Ausdruck in einem Baufieber, dessen geistige Mitte die Abtei Cluny mit den schließlich 1500 von ihr abhängigen Klöstern und Prioraten bildete. Allein im

81

Südteil des sowieso schon verhältnismäßig kleinen Burgund entstanden in einem Jahrhundert etwa 300 romanische Kirchen.

Es fällt uns heute schwer, die damalige Begeisterung zu verstehen, geschweige denn nachzuvollziehen. Dazu muß man an die Vorgeschichte erinnern, noch vor 910, als man Cluny gründete.

Dem gingen dunkle Jahrhunderte voraus. Das Land lebte in ständigen Unruhen. Man fürchtete die Überfälle der Sarazenen. Wir wissen wenig über die Zeit – rund 300 Jahre –, weil fast alles vernichtet ist. Den Höhepunkt in Frankreich erreichten die Überfälle der Sarazenen, die damals in der Provence im Maures-Massiv saßen, als sie sich im Jahre 972 in der Abtei Cluny des berühmten Abts, des heiligen Mayeul, bemächtigten. Er stammte aus der Hochprovence, und seine Entführung rüttelte das Land auf. 983 gelang es dem Grafen von Arles, sie aus Freinet, ihrem Schlupfwinkel, zu vertreiben. Er rief zu einem richtigen Kreuzzug gegen die Sarazenen auf, an dem sich sein Bruder Roubaud und der Marquis von Turin sowie zahlreiche provenzalische Herrn beteiligten. Seither nennen sich die Grafen von Arles Grafen der Provence.

Die Erneuerung durch Cluny

Cluny aber leitete die neue religiöse Erneuerung ein, in der schließlich Cluny die bereits erwähnte überragende Stellung erlangte, eine Stellung, die im Laufe der Geschichte einmalig blieb – und schließlich in der Französischen Revolution zu deren Zerstörung führte, weil man in dieser Abtei die Wurzel zu treffen hoffte. Begünstigt von der Erinnerung an die Gedanken vom Weltende, getragen von einer Welle religiöser Erneuerung, ausgehend von Cluny, entstanden allenthalben neue Kirchen und eine neue religiöse Begeisterung, die sich auf alle Bereiche auswirkte, nicht zuletzt auf die Kunst und, wie wir sehen werden, auf die Kapitelle.

Diese neue Religiosität, die diese Kirchenbauten ermöglichte, zeigte sich im Altarraum der neuen Kirchen, im Tympanon, das in diese Kirchen hineinführte, und dann im Innern an den Kapitellen. Während das Tympanon meist die letzte ewige Herrlichkeit zeigt und der

82

»DER HEILIGE MICHAEL« (GRANDSON)

Die alte Prioratskirche St. Johannes in Grandson liegt an einem Kreuzungspunkt, an dem sich viele Einflüsse überschneiden, die die Kunst der Schweiz bestimmt haben. Grandson, ursprünglich der Name einer Familie, die um 990 im heutigen Kanton Waadt eine Rolle spielte, liegt am Südende des Lac de Neuchâtel, des Neuenburger Sees.

Die überlieferten Fakten sind spärlich. Mitte des 11. Jahrhunderts muß Grandson ein mächtiges Priorat von Romainmôtier – der bedeutendsten romanischen Abtei der Schweiz – gewesen sein. Es lag mit den Herren von Grandson mehrere Jahrzehnte lang im Streit. 1146 gaben dann die Schloßherren das Priorat an die Abtei von La Chaise-Dieu. Damals erfuhr die Johanneskirche eine Reihe von Umwandlungen. Brand und Krieg bestimmten das weitere Schicksal. Die Reformation zerstörte den Kreuzgang, die Güter der Kirche wurden beschlagnahmt. Erst Ende 19. Jahrhundert begann man mit einer Restaurierung.

Trotz dieser Schicksalsschläge blieben beachtliche romanische Teile erhalten, darunter das Langhaus. Eine seiner schlanken Säulen am Westende der Kirche trägt ein Kapitell, das Sankt Michael mit dem Drachen darstellt. Es stammt offensichtlich von Steinmetzen, die gewöhnlich nur dekorative Formen schufen. Hier wurden dann auch Michael und besonders der Drachen zu einem dekorativen Element.

Der statuarisch steife Erzengel steht auf einem zwar großen, aber recht harmlos aussehenden Drachen. Er stößt ihm eher beiläufig den Speer in den Rachen. Der obere Teil des Kapitell-Bossens blieb erhalten; auf ihm breiten sich die Flügel Michaels aus. Der Drachentöter und sein Begleiter werden zum Ornament, das sich in die Form des Kapitells einfügt.

Der Kampf des Erzengels mit dem Drachen, dem Symboltier für den Teufel, ist ein beliebtes Motiv zur Darstellung des Kampfes zwischen Gut und Böse. Der Name Michael (hebräisch) bedeutet »Wer ist wie Gott« und wurde als Kampfansage an Luzifer, den gefallenen Engel, verstanden. Michael galt schon im frühen Christentum als »Führer der himmlischen Heerscharen« und erhielt im Laufe der Jahrhunderte viele Beinamen, wie Schutzherr der Christenheit, Kämpfer gegen den Satan, Seelengeleiter, Seelenwäger. Fast immer sind mehrere dieser ihm zugesprochenen Bereiche gemeint. Hier in Grandson ist er der siegreiche Kämpfer gegen das Böse.

(Foto: Yan – Zodiaque)

Altar ausschließlich dem täglichen sichtbaren Opfer dient, führten die Kapitelle Schritt für Schritt dorthin. Es gab keine christliche Zeit vorher und wahrscheinlich auch danach, die so sehr alles, wirklich alles zur Verherrlichung Gottes in Anspruch nahm. Man begnügte sich nicht allein damit, ein Haus Gottes zu bauen, sondern stellte es mit allen seinen Möglichkeiten in den Dienst der Verkündigung – unter anderem eben mit Hilfe der Kapitelle. Dabei entwickelte man in kurzer Zeit eine ungeahnte Fülle von Formen. Die romanischen Bildhauer ließen ihrer Phantasie freien Lauf, teilweise so sehr, daß sie Anstoß erregten. Bernhard von Clairvaux lehnte etwa die Fratzen und Dämonen ebenso ab wie die mythologischen Themen, weil sie Gläubige und Mönche in den Kirchen und auch in den Kreuzgängen zu sehr ablenken.

Die erzählenden Kapitelle

In einer Zeit also, in der man viele Mittel zur religiösen Erneuerung und Begeisterung fand, bediente man sich auch der Kapitelle als einer Form ständiger »Predigt«. Die figürlichen Kapitelle bestehen zunächst nur aus Blattwerk, aus dem klein und versteckt etwa Adam und Eva herausschauen. Neben weltlichen Jagdszenen folgen bald biblische Geschichten, vor allem in Frankreich, aber mit zwei Einschränkungen: Während man die alten Schmuckkapitelle in ununterbrochener Folge aus vorchristlicher Zeit bis ins 20. Jahrhundert in der Architektur verwendet, bleibt das erzählende Kapitell, abgesehen von einigen Ausnahmen, auf wenige Jahrhunderte beschränkt und zum anderen auch landschaftlich begrenzt. Schwerpunkte findet man in Frankreich, aber keineswegs in allen Landesteilen. In Spanien begegnet man ihnen auch nur in bestimmten Gebieten, wie in Italien (Sizilien), während erzählende Kapitelle in Deutschland zu den Ausnahmen zählen (Hildesheim oder Quedlinburg).
Um aber von vornherein falsche Schlüsse zu vermeiden, sollte man dieses Phänomen keineswegs landschaftsbedingt sehen. Gewiß, es gibt Gegenden, wie etwa in Frankreich das Roussillon, wo sie zur Ausnahme zählen, aber bei genauer Betrachtung entdeckt man, daß die

Verbreitung des Historien-Kapitells mit Cluny und den Bauhütten zu-
sammenhängt. Natürlich gilt das nur für deren Verbreitung; die in
Stein gehauenen »Biblischen Geschichten« entstanden selbstverständlich aus rein religiösen Gründen. Für die weite Streuung dieser Kunst-
form sorgten die Bauhütten. Sie entwickelten sich damals im Zuge der
neuen Bautätigkeit und hinterließen von Stadt zu Stadt, von Land zu
Land ihre Merkmale. Sie waren Träger der Baukunst und verbreiteten
ihre »Rezepte« in ganz Europa. Die Anfänge ergaben sich aus der Einsicht, daß aufeinander eingespielte Kräfte besser zusammenarbeiten,
zum andern auch aus den klösterlichen Gemeinschaften, aus denen
Laienbrüder kamen, die an den eigenen Bauten mitwirkten. Im 10. und
11. Jahrhundert setzte sich die cluniazensische Reform durch. Sie
brachte nicht nur eine religiöse Erneuerung, sondern auch ein neues
Baufieber. Damals begann die Entwicklung der Bauhütten zu der Form,
die wir heute kennen.

Die »Hütte« nennt sich ein Verband von Steinmetzen und Bildhauern
mit selbstgeschaffenen Ordnungen und Gesetzen, zu denen schließlich
sogar ihre eigene Gerichtsbarkeit für interne Vorfälle ebenso gehörte
wie die Wahrung des »Hüttengeheimnisses«. Es bestand genau genommen in einer hochentwickelten Geometrie, die die oben genannten
»Rezepte« ausmachte.

Die Steinmetze bildeten jeweils eine Werkgemeinschaft unter Leitung
eines mit der Durchführung des Baus beauftragten Baumeisters. Bau-
herren waren zunächst die Orden, später die Städte. Einige dieser Baumeister waren selbst Mönche. Die Größe der Bauaufgaben zwang zu
langjähriger Zusammenarbeit. Auch bei neuen Aufträgen blieb das eingespielte Team zusammen. In der beginnenden Gotik, die dann vor allem von den Zisterziensern getragen wurde, besaß dieser Orden zeit-
weilig bis zu sieben Bauhütten, die für ihn tätig waren. Wer die drei
großen österreichischen Zisterzienserklöster Heiligenkreuz, Lilienfeld
und Zwettl hintereinander besichtigt, erkennt sofort die gleiche Bauhütte.

Im Gegensatz zu Cluny war Cîteaux – die Zentrale der Zisterzienser –
zunächst in ihren frühen Bauten jedem Schmuck abhold. Denn damals
entwickelte sich in der Île-de-France der neue Stil, der ein Instrument
der Zisterzienser werden sollte: die Gotik.

»DIE MYSTISCHE MÜHLE« (VÉZELAY)

Die Abteikirche Sainte-Madeleine in Vézelay, Burgund, ein Höhepunkt der romanischen Plastik, wurde am Ende der Romanik gebaut; ihr Chor ist bereits gotisch. Die Kapitelle blieben aber noch den einfachen romanischen Formen treu und deshalb auch in der für romanische Bauten ungewöhnlichen Höhe gut erkennbar.

Die Kapitelle von Vézelay entstanden Anfang des 12. Jahrhunderts. Eines im rechten Seitenschiff hinten zeigt die »mystische Mühle«. Der Steinmetz stellt das Thema, das bis in die Hochromanik beliebt blieb, in seiner ursprünglichen Form dar: Ein Prophet schüttet alttestamentlichen Weizen in die Mühle, den dann die Apostel zum Mehl des Evangeliums mahlen. Auf diesem Kapitell empfängt der heilige Paulus das Endprodukt.

Das Motiv ist alt. Man war von jeher gewohnt, die Lehre Gottes mit Weizen und Brot zu vergleichen, und berief sich dabei auf das Gleichnis vom Sämann und auf die Worte vom Brot der Offenbarung. Das Motiv entwickelte sich dann in der Buchmalerei und bei den Glasfenstern weiter.

Die Symbolik schafft die Verbindung zwischen dem Alten und Neuen Testament und erschließt zugleich ein Verständnis für das Geheimnis des Altarsakramentes. Das einfache Mühlenmotiv versucht das schwer faßbare Geschehen bei der Wandlung in der heiligen Messe »begreiflich« zu machen. Wir finden diese Bilder, Glasgemälde und Plastiken auch oft unter der Bezeichnung »Hostienmühle«.

(Foto: Marburg)

Wenn wir heute Paris und Île-de-France sagen, so haben diese Worte Klang und Bedeutung. Damals aber, als Cluny schon die abendländische Welt bewegte, war Paris noch eine Provinzstadt, Spielball zwischen Bischöfen und weltlichen Herren.

Das hatte sich auch unter Clodwig I. nicht geändert, als er Paris 808 zur Hauptstadt seines Reiches erhob. Den Karolingern war sie gleichgültig, selbst noch, als der Kapetinger Hugo sie um das Jahr 1000 zur Hauptstadt Frankreichs erklärte. Es waren politische Erklärungen, hinter denen keine kulturelle Kraft stand. Erst Ende des 12., Anfang des 13. Jahrhunderts begann die künstlerische Bedeutung von Paris. Hier entstand frühzeitig das, was wir heute Gotik nennen. Die neue hochstrebende Bauform, der sich die Zisterzienser verpflichteten, bot für Kapitelle keine Möglichkeit einer religiösen Unterweisung. Sie lagen inzwischen so hoch, daß dies sinnlos geworden war. Dazu kam die schmuckfeindliche Einstellung der Zisterzienser, die darauf keinen Wert mehr legten, und schließlich bestimmten sie allein durch ihre Bauhütten die Architektur ihrer Zeit. Zunächst aber entwickelte sich das, was uns interessiert.

Die Themen und Symbolik

Da eine Kirche meist in allen ihren Teilen von einer Bauhütte geschaffen wurde, bleiben zwei Tatsachen bemerkenswert: Ein durchgehendes ikonographisches Programm entwickelte man für alle Kapitelle einer Kirche so gut wie nirgends, ferner wechseln überall rein dekorative und figürliche Kapitelle sich ab. Man kann also Pflanzen, Tiere, das Alte und Neue Testament sowie griechische Mythologie in ein und demselben Bauwerk finden. Das gleiche gilt von den Kapitellen der Portale. Claude Jean-Nesmy bemüht sich in seinem Buch über Vézelay (Vézelay – ein Höhepunkt der Romanik, Würzburg 1983) redlich, in die 100 Kapitelle des Schiffs, die 24 des Narthex und die aller Portale ein System zu bringen. Er kommt am Ende, wie seine Vorgänger, zu dem Schluß, daß es wohl »keine Steigerung einer solchen Unordnung gibt«.

Nun brauchen die Themen nicht immer so bunt zusammengewürfelt

89

zu sein, wie sie uns heute auf den ersten Blick erscheinen. Tiermotive, ja selbst die Fabelwesen und Monster haben gelegentlich eine symbolische Bedeutung, die uns nicht mehr geläufig ist. Es fällt uns oft schon schwer, Verbindungen zwischen dem Neuen und Alten Testament zu sehen. Dies gilt noch nicht, wenn etwa die Apostel auf den Schultern der Propheten stehen, wohl aber bei weniger geläufigen Motiven wie bei Bileam (Seite 17–20) oder der Hostienmühle (Seite 87/88).

Viele Tiere können Christus, den Himmel oder die Hölle gleichzeitig symbolisieren, wie z. B. der Löwe. Wenn er etwa seine toten Jungen durch Brüllen weckt, weist das auf die Auferweckung der Toten hin. Der Löwe kann an der Kirchentüre ein Wächter sein, der das Böse abwehrt, oder an Kanzeln oder Sarkophagen die überwundene Sünde meinen. Ebenso symbolisiert der Löwe auch einen Evangelisten (Markus) oder einen Tierkreis. Fast immer ergibt sich seine Bedeutung aus dem Zusammenhang. Außerdem muß man bei jedem Kapitell mit Löwendarstellungen überlegen, ob sie nur zur Dekoration dienen oder mehr bedeuten. Das ist keineswegs einfach. Es setzt immer voraus, daß man die Geschichte des Bauwerks kennt.

Ebenso bedeutungsreich sind viele andere Tier- und Pflanzendarstellungen. Uns Heutigen ist die Sirene als Symbol der Unzucht nicht mehr geläufig, der Pfau als Zeichen der Unsterblichkeit, der Phönix als Hinweis auf den auferstandenen Christus. Wir verstehen auch ein Kapitell mit einem Schwein, das seine Jungen säugt, nicht mehr ohne weiteres als Symbol für die Mutter Kirche (Gropina in der Toskana, San Pietro, Säulenkapitell).

Symbolträchtig erweist sich auch das Pflanzenreich, und zwar keineswegs nur die bekannte Rose oder Lilie. Bei den Griechen galt die Rose als Symbol der Ewigkeit, und im Alten Testament gehört sie zu den Pflanzen, die ewige Weisheit darstellen. Die Symbolik der Lilie aber stammt aus der persischen Königsstadt Susa. Bei den Griechen gehörte dann die »königliche Lilie« als Attribut zu Zeus. Die Christen fanden für sie die meisten Vergleichsstellen im Hohenlied.

Die beiden Beispiele mögen genügen, um zu zeigen, wie alt die meisten dieser Symbole sind. Natürlich wandelte sich im Laufe der Jahrhunderte ihre Bedeutung. Viele davon sind uns heute kaum mehr geläufig. Wer erkennt heute noch Akanthusblätter als christliches Symbol für

90

ewiges Leben? Im Apsidenmosaik in San Clemente in Rom ragt ein Kreuz aus einer üppigen Akanthuspflanze heraus. So entstand aus dem beliebten Grabschmuck der Griechen ein christliches Auferstehungssymbol. Wir denken heute nur bei wenigen Pflanzenformen an deren Symbolik, wie bei der Lilie.

Diese kurze Aufzählung der Bedeutung von Tier- und Pflanzendarstellungen macht deutlich, daß die Kapitellverteilung innerhalb einer Kirche nicht unbedingt sinnlos sein muß, auch wenn es uns nicht mehr gelingt, alles zu enträtseln.

Ein Bilderkapitell kann zusammen mit anderen als Mittel zur Verdeutlichung der christlichen Lehre gedacht sein. Es kann aber, das zeigt sich immer wieder, auch ganz isoliert stehen. Denn wir wissen, daß man ornamentale Kapitelle »fertig kaufen« konnte. Andere setzte man als Rohpossen ein und bearbeitete sie erst später an Ort und Stelle. Das sind übrigens meist die besten, weil man bei ihnen die Sicht von unten von vornherein berücksichtigte. Hinzu kommen oft lange Bauzeiten, Unterbrechungen und dadurch der Wechsel der Bildhauer. Selbst in Arles, wo es thematisch enge Übereinstimmungen zwischen den Kapitellen des Narthex und denen des Kreuzgangs gibt, stammen die gleichen Themen nicht vom selben Meister.

Möglicherweise steht einem besseren Verständnis mittelalterlicher Kapitelle unsere etwa am Kreuzweg und seinen Stationen orientierte Sicht im Wege. Dieser zeigte ja ursprünglich nicht den Leidensweg, sondern eher den Triumphzug des Sieges über die Hölle, die Kreuzigung selbst galt als Siegeszeichen. Erst im 7. Jahrhundert setzte sich allgemein der ans Kreuz genagelte Körper Christi durch, aber keineswegs als Leidensdarstellung. Der Gottmensch triumphiert über die Leiden. Am Kreuz finden wir dann bis ins 12. Jahrhundert den Christkönig mit *Herrscherkrone* – aber ohne Dornenkrone. So taucht auch in Kreuzgängen und auf Kapitellen die Kreuzigung erst spät auf, etwa in Arles. Man will sich nicht in den Schmerz versenken, sondern auf das hinweisen, was aus diesem Opfer entsprang. Wie anders könnte man sonst ein Kapitell verstehen, auf dem zwischen den beiden Wächtern am Grabe das Kreuz »erblüht« – nicht als Zeichen des Todes, sondern hier ganz eindringlich als Zeichen der Auferstehung, der Erlösung (siehe Seite 75/76). Unsere auf den Kreuzweg hin orientierte Sicht entstand erst spät, und die Leidensmystik kommt erst mit Bernhard von Clairvaux auf, die dann Bonaventura besonders betont. Aber erst im 13. bis 15. Jahrhundert werden die Leiden Jesu ein Thema und der Passionsweg zu den sieben Hauptkirchen Roms ein Nachvollzug der schmerzhaften »Gänge« Jesu, wie es dann Philipp Neri (1515–1595) sieht. All das gilt nicht für die erzählenden Kapitelle. Sie bildeten nie und nirgends eine Zusammenstellung in diesem Sinn.

Predigten in Stein gehauen

So erscheint es ganz selbstverständlich, daß man immer nur bestimmte Teile der Bibel auf diese Weise illustrierte. Einzelne Szenen gestaltete man zum Thema einer steingewordenen Predigt. Es geht also gar nicht um eine »Unordnung«, die nur wir aus unserer heutigen Sicht empfinden, sondern um »Predigtthemen«.

So finden wir immer wieder den Sündenfall, Abrahams Opfer und Jakobs Ringen mit dem Engel, Ijob, Bileam, die Anbetung der Könige, die Flucht nach Ägypten, den armen Lazarus und den reichen Prasser, das Abendmahl. Sehr spät wagt man sich, wie gesagt, die Kreuzigung darzustellen, aber schon früh und immer wieder die Auferstehung, die Himmelfahrt und das Jüngste Gericht. Man beabsichtigt also keine fortlaufende Erzählung, sondern zeigt aussagestarke Beispiele.

Diese Tatsache erlaubt es, Kapitelle aus verschiedenen Bauwerken und verschiedenen Gegenden zusammenzusehen. Dennoch können Werke aus weit auseinander liegenden Bauten von derselben Meisterhand stammen. So arbeitete der namentlich unbekannte »Meister von Cabestany« im Languedoc ebenso wie in Katalonien und in der Provence. Einem solchen Meister übertrug man ganz bestimmte Themen, während das übrige örtliche Steinmetze ausführten. Wir dürfen auch die Arbeitsweise der Bauhütten nicht außer acht lassen. Stand der Bau in seiner strukturellen Architektur, zog die Bauhütte vielleicht schon weiter – in einigen Fällen wissen wir es genau – und die weitere Ausgestaltung übertrug man anderen Steinmetzen, in Ausnahmefällen sogar erst ein Jahrhundert später.

92 Es bleibt festzuhalten: Was seit Jahrtausenden ein liebgewordener

Schmuck war, den die Baumeister zur Vervollkommnung ihren Konstruktionen einfügten, wurde in der Romanik zum einprägsamen Mittel der Belehrung, Ermahnung, Erinnerung als eine Art »biblia pauperum«, als Armenbibel. In einer Zeit, in der nur wenige Bevorzugte lesen und schreiben konnten, predigte man mit belehrenden Bildern; nicht das flüchtige Wort verkündigte, sondern dauerhafte Bilder, die heute noch zu uns sprechen. Sie erzählen uns die Ortsgeschichte, verherrlichen den Lokalheiligen, verbreiten aber auch große theologische Gedanken in einfachen Bildern. Dieses Buch möchte etwas von jener »Sprache« vermitteln und uns ihre Botschaft näherbringen.

Zum Foto auf der Titelseite:

Anbetung der Könige (Chauvigny)

Chauvigny liegt 60 Kilometer östlich von Poitiers am linken Ufer der Vienne. Die Kirche Saint-Pierre in der Oberstadt gilt als eines der bemerkenswertesten Beispiele der romanischen Kunst des Poitou. Man rühmt das Langhaus, die Apsis und nicht zuletzt die Kapitelle, besonders die sechs erzählenden des Altarraums. Diese volkstümliche Kunst kümmert sich wenig um anatomische Richtigkeit und um Wohlausgewogenheit der Formen. Sie ist spontan, unbekümmert und stolz, wie die Inschrift zeigt (»Gotfried hat mich gemacht«). Vor allem aber widersteht sie jedem Versuch einer Klassifizierung und verhindert dadurch eine genaue Festlegung auf eine Zeit oder Schule.
Auch die Ikonographie zeigt diese Eigenwilligkeit: Nur auf den ersten Blick handelt es sich um die Anbetung der Heiligen Drei Könige. Dem Steinmetz gelang es auf seine naive Art, daraus die Verehrung des thronenden, segnenden Gottessohnes werden zu lassen. Dessen Gottheit bezeugt die riesige Schwurhand seines Vaters.
(Foto: Rudolf Langhans)

Kapitellformen im Laufe der Jahrtausende

Persische, islamische, indische Kapitelle
zeigen oft verwandtschaftliche
Merkmale.

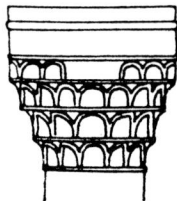

1. Islamisches Stalaktitenkapitell

2. Persisches Kapitell

Ägyptische Kapitelle

3. Hathor Kapitelle zu Ehren dieser
Himmels-, Liebes- oder Totengöttin in
Kuhgestalt oder in Menschengestalt
mit Kuhhörnern.

4. Lotosknospenkapitell

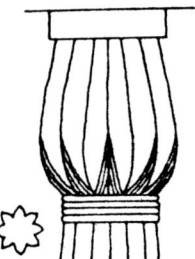

5. Papyrusknospenkapitell

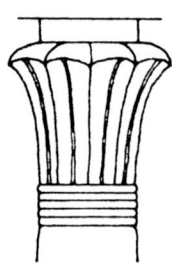

6. Palmenkapitell

Griechische und römische Antike

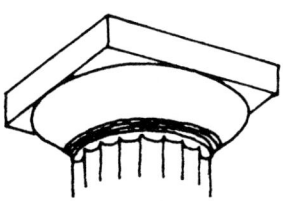

7. Dorisches Kapitell

8. Jonisches Kapitell

9. Korinthisches Kapitell, aus dem sich das römische Kompositkapitell entwickelt.

Romanische und gotische Kapitelle

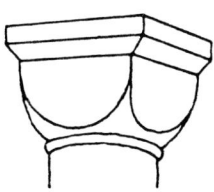

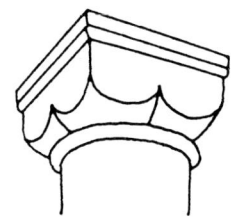

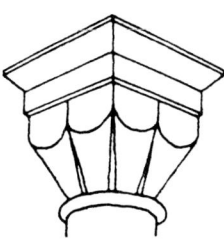

10. Würfelkapitell, aus dem sich vielfältige erzählende Formen entwickelten.

11. Doppelwürfelkapitell

12. Pfeifenkapitell mit Kämpfer, aus dem Faltenkapitell entstanden.

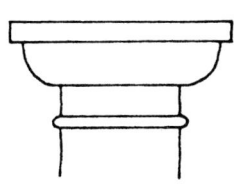

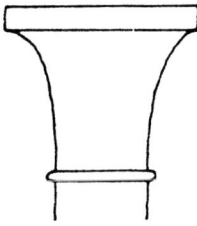

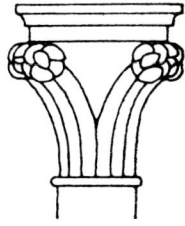

13. Toskanisches Kapitell

14. Gotisches Kelchkapitell, oft mit Pflanzenornamentik.

15. Gotisches Knospenkapitell

In der Spätgotik entfernt man sich von den Kapitellen und verzichtet auf die Kontrastwirkung und damit auf die Kapitelle. Spätere Zeiten entwickeln keine neue Formen, sondern greifen auf die antiken zurück.

Entnommen dem Buch:
Hans Koepf: »Bildwörterbuch der Architektur«, mit freundlicher Genehmigung des Autors und des Alfred Kröner Verlags, Stuttgart.

Ein weiterer Bildband aus dem Echter Verlag:

Josef Sudbrack

KREUZGÄNGE

Ordnungen des Lebens

96 Seiten, davon 21 Seiten Fotos

Kreuzgänge verbinden die Tagzeiten des mönchischen Lebens: Erwachen, Waschen, Beten, Essen, Arbeiten, Erholen, Schlafen. Im Kreuzgang befinden sich Gräber der Vorfahren. An ihn schließt auch der Kapitelsaal an, in dem das Leben der Mönchsgemeinschaft geregelt wird. All dies wird durch den Kreuzgang zusammengefaßt und auf den Weg zum Gotteshaus ausgerichtet. Dort findet das klösterliche Leben seinen Höhepunkt.

So ist der Kreuzgang Zeichen eines sinnvoll abgerundeten Lebens, das aber nicht selbstgefällig in sich verschlossen bleibt, sondern über sich hinausweist: auf eine Ordnung des Kosmos im ganzen, dessen sichtbares Abbild das Kloster sein will. Diese Erfahrung eines ganzheitlichen Lebens, die im Kreuzgang ihren Ausdruck findet, scheint heute weitgehend verlorengegangen zu sein. Das Buch will sie deshalb neu vermitteln.

In leicht zugänglicher Weise erschließt der Autor einzelne Teile des Kreuzgangs: Brunnenhaus, Kapitelsaal, Kapitelle, Säulengang, Gräber, Garten, Kirchenportal. Hervorragende Bilder ergänzen jeweils den Text. So wird der Leser Schritt für Schritt in die Bedeutung des Kreuzgangs eingeführt. Er wird angeregt, im Lichte der darin sich zeigenden Erfahrung sein eigenes Leben neu zu bedenken.

echter